Hagae
1802

Spinoza, Baruch, dit Benedictus de

Adnotationes ad Tractatum
theologico-politicum...

BENEDICTUS DE SPINOZA.

Cui natura, Deus, rerum cui cognitus ordo.
Hoc Spinosa statu conspiciendus erat.
Expressere viri faciem, sed pingere mentem
Zeuxidis artifices non valuere manus.
Illa viget scriptis: illic sublimia tractat:
Hunc quicunque cupis noscere, scripta lege.

BENEDICTI DE SPINOZA
ADNOTATIONES
AD
TRACTATVM THEOLOGICO POLITICVM.

EX

AVTOGRAPHO EDIDIT AC PRAEFATVS EST,

ADDITA

NOTITIA SCRIPTORVM PHILOSOPHI,

CHRISTOPHORVS THEOPHILVS DE MVR

Slave to no fect, who takes no private road,
But looks through nature up to nature's God!

CVM IMAGINE ET CHIROGRAPHO.

HAGAE - COMITVM,
MDCCCII.

PRAEFATIO.

Vindicat aetas noſtra acutiſſimi Philoſophi manes a theologaſtrorum inſan
Adpellabant Syſtema SPINOZAE absque omni ratione *atheiſticum*, quod poti
akoſmicum dici debet. Philoſophus noſter omnis expers fuit curae, quae ſcribe
tis animum, etſi non flectere a uero, ſollicitum tamen efficere poſſit, ob tem
ritatis apud illos, quorum exiſtimationem iudiciumue haud in magno diſcrimi
ponere ſemper didicit, ſuſpicionem. Quae ſcripſit, ea cum ueritate, quae u
cus illi ſcopus fuerat, conſentire ipſi perſuaſum fuit, ſuumque ſyſtema
uſum magis futurae aeuis, quam ad philoſophiae genus, quod tum hominu
erat, condidit.

Ridemus nunc effata uirorum praeiudicata ex opinione SPINOZAE ſcripta dan
nantium. Miramur IOH. GEORGIVM GRAEVIVM*), ita de iis iudicaſſe: *Prodiit in B
tauis liber ſacerrimus, Spinoſae doctrina moralis et de anima, cum aliis eius opuſculis p
ſtumis, plenis impietatis et αθεοτητος, quae digna ſane ſunt, quae ad orci tenebras, e
quibus cum magno humani generis damno et pudore emerſerunt in lucem, reiiciantur. N
bil enim peſtilentius orbis terrarum uidit a multis ſeculis. Palam omnem de deo et anim
immortalitate opinionem ſtudet argumentis acutiſſimis conuellere et ex animis hominum er
dicare. Dii terris talem auertite peſtem!* A guſtu ſane philoſophico alieniſſimum fuiſ
bonum GRAEVIVM, ipſe teſtatur in alia ad NIC. HEINSIVM epiſtola**) hiſce ue
bis: *Carteſianae diſciplinae doctrinam tantum abeſt ut coluerim unquam, ut ne habea
quidem eius Philoſophi libros, nec perlegerim unquam.* Quomodo de iisdem haud lecti
iudicare poterat? Ita nimirum, ut paſtor batauus in hippagoga Leidenſi, qu
ſtolido ſuo de SPINOZA iudicio BOERHAAVIVM a Theologia dogmatica deterruit.

A 2   Animu

*) In Epiſtola ad Nic. Heinſium, 24 Ian. 1677. In *Burmanni* Sylloge Epiſtolarum T. IV, pag. 475.
**) Ibid. pag. 489.

Animus SPINOZAE ad Deum tendebat, ut cum SENECA loquar, memor originis suae. Quis maieftatem Dei in infinito praefentiae diuinae fpatio, quod Vniuerfum dicimus, melius docuit? Quis uenerabundae menti uerba diuina melius inculcauit: *Quo irem a fpiritu tuo? aut quo a facie tua fugerem? Si fcanderem caelos* *), *illic es; aut ftratum ponerem in fepulcro, ecce ades. Si affumerem alas aurorae, habitaturus in extremitate maris; etiam illic manus tua deduceret me, et prehenderet me dextera tua.* Pf. 139, u. 7 — 10, uertente IMMAN. TREMELLIO.

Sententia, Deum omnia facere neceffario, in HOBBIO et SPINOZA damnata, ita mihi intelligenda uidetur: Deum agere ex decretis fuis aeternis et irreuocabilibus; agere tamen etiam liberrime, uel fponte, uel uolenter, adeo ut hoc fenfu fine contradictione et libere, et neceffario agere dici poffit. Quodfi igitur SPINOZA Deum non coacte, fed etiam fponte agere uult, non adimit Deo electionem. Nam ueriffimum eft, Deum nihil amplius eligere poffe, quod non ab aeterno iam fuerit electum, uti haud magis poffet condere alium mundum, quam efficere $2 + 2 = 5$.

Quidquid metaphyfica transfcendentalis poteft efficere, SPINOZA praeftitit. Omnis metaphyfica dogmatica ducit ad SPINOZAE fyftema **), mediumque inter ambo fyftemata, atheifticum et akosmicum tenet LEIBNIZIANVM, iudice SALOM. MAIMON, qui KANTII criticam philofophiam pro claffica et tam inrefutabili habuit, ac libros EVCLIDIS. Philofophia fane, fi utilis effe debet, neceffe eft, ut fit transfcendentalis, id eft, relatiua ad obiecta uniuerfe.

Si animi caufa plurimorum Syftematum philofophicorum hiftoriam perfequimur, dicere poffumus cum PHAEDRO:

Sic ludus animo debet aliquando dari,

Ad cogitandum melius ut redeat tibi.

Magni

*) Auctor Pfalmi hodie diceret: Si fcanderem ad extremam Viam lacteam, id eft, extremam nubeculam feu ftellarum aceruum *Herfchelii,* iterum uiderem Viarum lactearum quadrilliones!

**) *Rehberg* über das Verhältnifs der Metaphyfik zur Religion, pag. 51.

Magni Philosophi nostri acumine usi sunt multi systematum conditores. Hinc recte Vates in Epitaphio *) sensit; quod ita latine reddidi:

Adspicis annoso ualidam cum robore quercum,
Tangebatque auras uertice sidereas.
Consternunt terram concusso stipite frondes:
Cur nunc in nuda nuda recumbit humo?
Aedificatores, ut dicunt, alta parabant
Atria, sunt ausi stirpitus eruere.

Norimbergae, d. 31 Maii, 1802.

━━━━━◦◦◦◦◦❖◆❖◦◦◦◦◦━━━━━

Dum haec scribo, adfertur Volumen prius Benedicti de Spinoza Operum, quae supersunt, omnium. Iterum edenda curauit, Praefationes, Vitam Auctoris, nec non notitias, quae ad historiam scriptorum pertinent, addidit Henr. Eberhard Gottlob Paulus, Phil. ac Theol. D. huius Prof. ord. Ienensis. Ienae, in bibliopollo academico. 1802. 8 mai. Video gallicam tantummodo uersionem harum Adnotationum Tractatui theologico-politico subiundam esse ab Editore, pag. 429—446. Omisit etiam pag. 658 extremos uersiculos siue Postscriptum Epistolae LII ad Leibnitium, quod iam a. 1790 Ioh. Martin Philipson im Leben Benedicts von Spinosa pag. 116 publici iuris fecit.

A 3 .   I. IMA-

*) *Hier liegt ein Eichbaum umgerissen,*
Sein Wipfel that die Wolken küssen;
Er liegt am Grund. Warum?
Die Bauherrn hatten (hört' ich reden)
Sein schönes Holz zum Bau vonnöthen,
Und rissen ihn deswegen um.

I.

Imagines Benedicti de Spinoza.

Ipfo Philofophus fuam imaginem delineauit, tefte Colero: *Il s' attacha (1658) au Def-fin, qu'il apprit de lui même; et il réuffiffoit bien à tracer un portrait avec de l'encre ou du charbon. J'ai entre les mains un livre entier de femblables portraits où l'on en trouve de plu-fieurs Perfonnes diflinguées qui lui étoient connues, ou qui avoient eu occafion de lui faire vi-fite. Parmi ces portraits je trouve à la 4 feuille un Pêcheur deffiné en chemife, avec un filet fur l'épaule droite, tout à fait femblable pour l'altitude au fameux Chef des Rebelles de Nap-les Maffanielle, comme il eft reprefenté dans l'Hiftoire et en taille-douce. A l'occafion de ce deffin je ne dois pas omettre, que le Sr. Vander Spyck, chez qui Spinofa logeoit lors' qu'il eft mort, m'a affuré que ce crayon, ou portrait, reffembloit parfaitement bien à Spinofa, et que c'étoit affurément d'après lui-même qu'il l'avoit tiré. Il n'eft pas néceffaire de faire mention des perfonnes diflinguées dont les portraits crayonnés fe trouvent pareillement dans ce livre parmi fes autres Deffins.* Vie de B. de Spinofa, p. 59, 60.

Optima Viri imago et quae proxime accedit ad fimilitudinem, ea eft, quae in paucis exemplis Verfionis belgicae *Operum pofthumorum* reperitur in 4.

I. G. *Wolfgang*, chalcographus, eam pulchre ad amuffim expreffit eadem magni-tudine. Infra 𝕭. 𝖛. 𝕾. loco uerfuum latinorum.

Ex hac alia addita eft alteri editioni libri: Frid. Heinrich Iacobi *Ueber die Lehre des Spinoza*. Breslau, 1789. 8. minori forma: BENED. v. SPINOZA. *E. C. Thelott geft. Ddorf.* cum figura fpatii duobus circulis interpofiti ex Opp. Pofth. pag. 469.

A. 1790 iconem Amftelodamenfem commemoratam *Operum pofthumorum* exactiffi-me ab I. G. Sturmio, chalcographo Norimbergenfi, eadem magnitudine exprimi curaui, hifce Viri Adnotationibus praefixam.

Ao. 1712 fculpta eft alia imago in forma octaua, infra confpicitur ferpens qui cau-dam in ore tenet. BENEDICTUS de SPINOZA, IUDEUS ET ATHEISTA.

Alia

Alia cum ferpente fuperne ad dextram, praefixa eft uerfioni germanicae Vitae Coleri 1733. Infra imaginem: BENEDICTVS de SPINOZA, *Amftelodamenfis, Gente et profeffione Iudaeus, poftea coctui Chriftianorum fe adjungens, primi systematis inter Atheos fubtiliores Architectus. Tandem, ut Atheorum noftra aetate Princeps Hagae Comitum infelicem uitam claufit, characterem reprobationis*)* in vultu gerens. *Natus* A. 1632. d. 24 *Nov.* Den. 1677. d. 21. *Febr.* In 8.

Eadem fere imago, cum eadem infcriptione. In 4.

Hae imagines abfimiles funt, ut et

Alia, Verfioni germanicae Ethices, cum notis Wolfii, (1744. 4.) praefixa.

In Collectione iconum *Stephani Jahandier Desrocherii* (Parifiis, in forma quarta) eft effigies Spinozae, fed ficta, ueftitu hifpanico. *Benoit Spinofa, fameux Philofophe, natif d' Amfterdam, il fut d' abord Juif de Religion, il fe fepara de la communion Judaique et profeffa enfuite l' Athéifme, mort à la Haye en* 1677. *agé d' environ* 44 *ans.* Infra:

> *Auteur d' un dangereux Sisteme,*
> *Spinofa n' a que trop répandu fon erreur,*
> *Mais voyez l' Univers, et fondez vous vous même,*
> *Vous connoitrez un Créateur.*
> *A Paris chez Petit, rue St. Jacques à la Couronne d' épines*
> *pres les Mathurins.*

Inter Icones clariffimorum *Medicorum, Philofophorum* (à Leide, chez Pierre van der Aa. 1732. fol.) eft imago noftri Philofophi modo delineationis rubrica factae depuncta.

In primo uolumine Collectionis: *Hiftoire des Philofophes modernes avec leur Portrait gravé dans le goût du crayon, d' après les Planches in* 40 *deffin. par les plus grands peintres.* Par Mr. Saverien. *Publié par François, grav. des Deff. du Cab. du Roy &c.* à Paris, 1760 feq. 8.

I Partie. *Contenant les Mataphificiens.* Imago Spinozae; infra: SPINOSA. cum litteris C. P. R. *(Cum Priuilegio Regis)* Sculptor egregius, *Iohannes Carolus François,* primus delineationis pnigitide factae icones expreffit**), quem fecutus eft Demarteau fenior.

* * *

> *Si faute d' un pinceau fidelle,*
> *Du fameux Spinoza nous n' avons pas les traits;*
> *La Sageffe étant immortelle,*
> *Ses écrits ne mourront jamais.*

〜〜〜〜

---

*) Hifce uerbis femper addere foleo: *fecundum ftultorum opinionem.*

**) Vid. eius Epift. ad *Saverien,* fur l'utilité du Deffin et fur la Gravure dans le goût du crayon; dans *l' Hiftoire des Philof. modernes,* par Mr. *Saverien,* pag. 347. feq.

II.

II.

Scripta de Vita Spinozae.

Auctor anonymus Praefationis ad Opera poſthuma.

Bayle in Dictionario, art. Spinoza. Cum multis acceſſionibus, in noua editione Lipſienſi haec uita prodiit. Belgice *Het Leven van B. de* Spinoza, *met eenige Aanteekeningen over zyn Bedryf, Schriften, en Gevoelens; &c. Vertaalt door* F. Halma. *T'Utrecht, by* François Halma, Drukker van de Akademie, 1698. 8. p. 1 – 116. Praemittuntur *Aanmerkingen op 't Vervolg van Philopater*, qui prodiit Groeningae, 1697 pag. 292 tamquam pars altera libri: *Het Leven van Philopater.* Tot Groeningen, 1691. paginarum 221. in 12.

La vie de Spinoſa, tirée des Ecrits de ce fameux Philoſophe, et du témoignage de pluſieurs Perſonnes dignes de foi, qui l' ont connu particulièrement. Par Jean Colerus, *Miniſtre de l' Egliſe Luthérienne de la Haye. à la Haye, Chez T. Johnſon, Marchand Libraire dans le Pooten.* 1706. 181 pag. Belgice primum prodiit, Vltrai. 1698. 8. Recuſa dans la *Refutation des Erreurs de Benoit de Spinoſa. Par M. de Fenelon**), par le P. Lami, Benedictin, et par M. le Comte de Boullainvilliers.* paginar. 386. *Avec la Vie de Spinoſa, écrite par M.* Jean Colerus, *Miniſtre de l' Egliſe Luthérienne de la Haye; augmentée de beaucoup de particularités tirées d'une Vie Manuſcrite de ce Philoſophe, faite par un de ſes Amis. à* Bruxelles, *Chez François Foppens.* 1731. 12. pag. 150. Edente *Lenglet du Fresnoy.* Germanice: *Das Leben des* Bened. von Spinoza, *aus denen Schriften dieſes berufenen Welt-Weiſens &c. beſchrieben von* Johann Colero; — *nunmehro aber aus dem Franzöſiſchen ins Hoch-Teutſche überſetzet, und mit verſchiedenen (ſeichten) Anmerkungen vermehret.* Frankfurt und Leipzig, 1733. 8. Paginar. 146. Cum imagine ualde abſimili.

Gottlob Frid. Jenichen Hiſtoria Spinoziſmi Leenhofiani &c. Lipſ. 1707. 8. Cap. I, pag. 3 — 73.
La

---

*) In tr. *ſur l'exiſtence de Dieu*, declamat contra Spinoziſmum; ſed uerbis propius examinatis, pro Spinoziſmo argumentatur, uti non ſolum *Sal. Maimon*, (Lebensgeſchichte, 2 Th. pag. 224) ſed etiam cuius attentó lectori patet.

La Vie de Spinofa, par un de fes Difciples (le Sieur *Lucas* Médecin à la Haye): *Nouvelle Edition non tronquée, augmentée de quelques Notes et du Catalogue de fes Ecrits, par un autre de fes Difciples, à Hambourg, Chez Henry Kunrath.* 1735. 8. Paginarum 47. Prior editio editore *Elia Benoit* prodiit; poftea imprimebatur Epiftola: *Refutation de* Jean Rouffet, à la Haye, 1716. 8. Recufa in Ioh. Gottliebii Krausii *umfländlicher Bücherhiftorie,* P. II, pag. 231 feq.

Benoift de Spinofa. Mémoires pour fervir à l'Hiftoire des Hommes illuftres dans la République des Lettres, par le P. *Niceron,* Barnabite Tome XIII. à Paris, 1731, 12. pag. 41 feq. Additions, Tome XX, pag. 59.

Ioh. Wolfg. Iaegeri, Spinozifmus, fiue Benedicti Spinofae, famofi Atheiftae, Vita et Doctrinalia. Tubingae, 1710. 4.

M. Balthafar Münter, Theologiae naturalis polemicae Specimen, exhibens Hiftoriam, Dogmata et Refutationem Syftematis illius, quod a *Benedicto de Spinoza* nomen habet. Ienae, 1759. 4.

Hiftoire des Philofophes modernes. Avec leur portraits. Par Mr. *Saverien;* à Paris, 1760. 8. pag. 169 — 191. c. imagine *Spinozae.*

Benedikt von Spinoza nach Leben und Lehren. Von *H. Fr. von Diez.* Deffau, 1783. 8.

Leben Benedikts von Spinofa. Von M. *Phillipfon.* Braunfchweig, 1790. 8.

B

III.

III.

Elenchus Scriptorum BENEDICTI de SPINOZA.

I.

Renati des Cartes *Principiorum Philofophiae Pars I, et II, More geometrico demonftratae per* Bened ctum *de Spinoza Amftelodamenfem. Acceffe-
runt Eiusdem Cogitata metaphyfica, in quibus difficiliores, quae tam in parte Metaphyfices generali, quam fpeciali occurrunt, quaeftiones breuiter expli-
cantur. Amftelodami, apud Johannem Riewerts, in uico uulgo
ditto, de Dirk van Affenfteeg, fub figno marty-
rologii.* 1663. 4. paginar. 140.

Praefatus eft *Ludouicus Meyer*, M. D. Auctoris amicus. Praemiffis definitionibus,
poftulatis ac axiomatibus propofitiones earumque demonftrationes fubiunguntur.
Nec tantum in axiomatibus proponendis, explicandisque, fed etiam in ipfis pro-
pofitionibus, caeterisque conclufionibus demonftrandis a Cartefio faepiffime rece-
dit, ac apodixi, longe ab illius diuerfa utitur Spinoza. Multa quoque tamquam
falfa reiicit, u. c. quae de uoluntate habentur, (in Scholio propof. 15 Partis I
Principior. et capite 12, P. II Adpendicis) nimirum, uoluntatem ab intellectu non
diuerfam effe, multo minus ea, quam illi Cartefius adfcribit, pollere libertate,
rel.

Amicus quidam, Medicinae Doctor, hofce uerfus libro praemifit:

> *Ingenio feu te natum meliore uocemus,*
> *Seu de Cartefii fonte renatus eas,*
> *Parue Liber, quidquid pandas, id folus habere*
> *Dignus, ab exemplo laus tibi nulla uenit.*

Siue

Siue tuum fpectem genium, feu dogmata, cogor
Laudibus Auctorem tollere ad aftra tuum.
Hactenas exemplo caruit, quod praeflitit, at tu
Exemplo haud careas, obfecro parue Liber:
Spinozae at quantum debet Cartefius uni,
Spinoza ut tantum debeat ipfe fibi.

Prodiit poftea fermone belgico.

I. B. M. D.

II.

Tractatus theologico - politicus continens Differtationes aliquot, quibus often-ditur Libertatem philofophandi non tantum falua pietate, et Reipublicae pace poffe concedi: fed eandem nifi cum pace Reipublicae, ipfaque pietate tolli non poffe.

Iohan. Epift. I. Cap. IV. uerf. XIII. Per hoc cognofcimus quod in Deo mane-mus, et Deus manet in nobis, quod de Spiritu fuo dedit nobis. *Hamburgi*, (Amftelo-dami) *Apud Henricum Kinrath.* (Chriftoph Conrad) cIↄIↄcLxx. 4. paginarum 233.

Recufus eft fub tit. Danielis Heinfii *Operum hiftoricorum Collectio Prima. Editio Secunda, priori editioni multo emendatior et auctior, accedunt quaedam hactenus inedita.* *Lugd. Batau. Apud Ifaacum Herculis.* 1673. 8. Paginarum 334 *). Adnexa eft *Collectio Secunda. Edit. Secunda,* cet. ibid. eod. Paginarum 182, praeter Prologum et Epilogum.

Haec Collectio fecunda eft altera Editio libri Capitum XVI: *Philofophia Scripturae Interpres* Ludouici Meyeri, M. D. Spinozae falfo adfcripti, cuius prior editio (nunc rarif-fima) prodiit Eleutheropoli, (Amftelod.) 1666. 4. Paginar. 105 praeter Epilogum. Refu-tare conatus eft *Ludou. Wolzogen*, Vltraiecti, 1668. 12. Tertium edita et adpendice *Ioachimi Camerarii* aucta, cum notis uariis et praefatione D. *Io. Sal. Semleri.* Halae Magdeburgicae, 1776. 8 mai. Pag. 300. Belgice: *De Philofophie d' Uytleghfter der H. Schrifture.* To Vryftadt, 1667. 4. Sed redeo ad uera fcripta Spinoziana.

Tractatus Theologico- Politicus uiginti capitibus diftinguitur. 1. De Prophetia. 2. De Prophetis. 3. De Hebraeorum uocatione. Et an Donum propheticum Hebraeis

B 2

pecu-

---

*) Alii tituli habent: *Franc. de la Boe Siluii* totius Medicinae Idea noua. Editio fecunda. Am-ftel. 1673. et

Francifci Henriquez de Villacorta, Doctoris Medici, a Cubiculo Regali Philippi IV, et Caroli II Archiatri, Opera chirurgica omnia, fub aufpiciis Potentiffimi Hifpaniarum Regis Caroli II. Amftelodami, per Iacobum Pauli, 1673.

12

peculiare fuerit. 4. De Lege diuina. 5. De ratione, cur Ceremoniae inſtitutae fuerint, et de fide hiſtoriarum. 6. De miraculis. 7. De Interpretatione Scripturae. 8. Pentateuchum et libros Ioſuae, Iudicum, Rut, Samuelis et Regum non eſſe autographa. 9. De iisdem libris alia inquiruntur, nempe an Hezras iis ultimum manum impoſuerit? 10. Reliqui Vet. Teſt. libri eodem modo examinantur. 11. An Apoſtoli Epiſtolas ſuas tamquam Apoſtoli et Prophetae; an uero tamquam Doctores ſcripſerint? 12. De uero Legis diuinae ſyngrapho, et qua ratione Scriptura Sacra uocatur. 13. Scripturam non niſi ſimpliciſſima docere, oſtenditur. 14. Quid ſit fides, quinam fideles? 15. Nec Theologiam Rationi, nec Rationem Theologiae ancillari. 16. De Reipublicae fundamentis; de iure uniuscuiusque naturali et ciuili; deque ſummarum poteſtatum iure. 17. Neminem omnia in ſummam Poteſtatem transferre poſſe, nec eſſe neceſſe. De Republica Hebraeorum &c. 18. Ex Hebraeorum Republica, et Hiſtoriis quaedam dogmata politica concluduntur. 19. Ius circa ſacra penes ſummas poteſtates omnino eſſe, et Religionis cultum externum Reipublicae adcommodari debere, ſi recte Deo obtemperare uelimus. 20. Oſtenditur, in Libera Republica unicuique et ſentire, quae uelit, et quae ſentiat dicere licere. Expoſuit latius et exacte in hocce Tractatu, quae antea 1660 hiſpanice Rabbinis Synagogae Luſitanicae Amſtelod. declarauerat in *Apologia para juſtificarſe de ſu Abdicacion de la Synagoga.* A. 1757 fruſtra eam quaeſiui apud Proceres Synagogae nouae, quamuis munitus commendatione Dom. *Gerardi Meerman*, Syndici Roterodamenſis. Flammis periiſſe *Pinto* adſeuerabat.

Adſcripſit poſtea Auctor margini ſui libri Adnotationes, quas hic primum luci publicae committimus. Earum mentionem fecit *Reimmannus* in Hiſtoria Theologiae Iudaieae, pag. 643. A. 1675 (Opp. poſthum. p. 415) ita Philoſophus noſter ad Henricum Oldenburg: *Cupio iſtum Tractatum notis quibusdam illuſtrare, et concepta, de eo praeiudicia, ſi fieri poſſit, tollere.*

Gallice uertit Dom. *de Saint Glain*[*]) ſub titulo: *La Clef du Sanctuaire. Par un ſçavant homme de nôtre Siècle.* Là ou eſt l' Eſprit de Dieu, là eſt la liberté, 2 Epitre aux Corinthiens Chap. 3. verſ. 17. A Leyde, 1678. 12. paginarum 531. Adiuncta eſt paginis 30 Verſio Adnotationum, (quas hic primum latine in publicum damus) *Remarques Curieuſes et neceſſaires pour l' Intelligence de ce Livre.* Poſtea imprimebatur alius Libri titulus: *Traité des Cérémonies ſuperſtitieuſes des Juifs tant Anciens que Modernes.* A Amſterdam, Chez Jacob Smith, 1678. et tertium: *Reflexions curieuſes d' un esprit desintereſſé ſur les matières les plus importantes au ſalut, tant publics que particuliers.*

Belgice

*) Auteur de la Gazette d'Amſterdam. Male in medici *Lucas* Vie de Spinoza, pag. 25: *de Rotterdam.* Vid. *Lettres de* Bayle, pag. 143 et 234.

Belgice: *De rechtfinnige Theologeant of Godsgeleerde Staatkunde, uyt het Latyn ver-taalt.* Hamburg, 1693. 4. Auctor huius interpretationis eſt *Ioh. Henr. Glaſemaker.* Vid. Niceron *Memoires des Hommes illuſtres*, Tome XIII, pag. 48. Iam a. 1671 impreſſionem huius uerſionis belgicae impedire uoluit Spinoza.

Germanice. Benedikt von Spinoza *über heil. Schrift, Iudenthum, Recht der höch-ſten Gewalt in geiſtlichen Dingen, und Freyheit zu philoſophiren. Aus dem Lateiniſchen.* Spi-noza's *philoſophiſcher Schriften I Band.* Gera, 1787. 8 mai. Vertente (ut puto) *Schack Hermanno Ewaldo*, Secretario Gothano, quem latebant *Adnotationes*, a me hic editae, quas ſuis locis addere debuiſſet.

Omnium primus, quantum ſcio, Tractatus theologico - politici refutationem bre-uem, ſed elegantem, programmate d. 8 Maii 1670 edito, aduerſus anonymum, de li-bertate philoſophandi, complexus eſt *Iacobus Thomaſius**), quem *Leibnitius* in litteris Mogunt. d. 31 Ian. 1672 docuit, auctorem eſſe *Spinozam*, hominem omni litteratura ex-cultum, et in primis inſignem Opticum, praeclarorum admodum tuborum elaboratorem **). Iam a. 1665 edidit *Thomaſius* programma aduerſus Philoſophos libertinos, praecipue con-tra *Edmundi Dickinſoni* oratiunculam ad Peripateticos pro Philoſophia liberanda, Delphis phoeniciſſantibus (Oxoniae, 1655. 8.) adiunctam.

Frid. Rappolti Oratio contra naturaliſtas, habita ipſis Kalendis Iunii a. 1670. In eiusd. Opp. theologicis, Lipſ. 1692. T. I, pag. 1386 ſeq.

Sequebatur J. M. *V. D. M. Epiſtola Ad Amicum, continens Cenſuram Libri, cui titulus:* Tractatus Theologico - Politicus, In quo demonſtratur, &c. Vltraiecti, Ex Of-ficina Cornelii Noenaert, Bibliop. Anno 1671. 4. Paginar. 48.

Ioh. Conr. Dürril, Orat. de praepoſtera libertate philoſophandi, praeſertim in re-ligionis negotio, una cum progr. *Iac. Thomaſii*, 1672. 4.

Regneri a Manſecht, Philoſ. Doct. et Prof. in Acad. Traiectina, aduerſus anony-mum Theologo-Politicum Liber ſingularis. Opus poſthumum. Amſtel. 1674. 4. Pag. 364.

Spinoza in Epiſtola L (Opp. poſthum. pag. 558) ita: *Librum, quem Vltraiectinus Pro-feſſor in meum ſcripſit, quique poſt obitum eius luci expoſitus eſt, e feneſtra Bibliopolae pen-dentem uidi, et ex paucis, quae tum temporis in eo legeram, cum lectu, multo minus reſpon-ſione indignum iudicabam. Relinquebam ergo librum, eiusque auctorem. Mente ſubridens uoluebam, ignariſſimos quosque paſſim audaciſſimos, et ad ſcribendum paratiſſimos eſſe.*

Io. Muſaei Tractatus theologico - politicus ad ueritatis lumen examinatus. Ienae, 1674. 4. 12 plagular.

B 3

Ioannis

*) Progr. 50. in eiusdem Differtationibus ab Illuſtri Filio Halae 1693. 8. editis, pag. 571 — 583.

**) Vol. III, pag. 63 edit. Kortholt. epiſtolar. Leibnitii.

Ioannis Bredenburgii Eneruatio Tractatus theologico - politici; Vna cum Demonftratione, Geometrico ordine difpofita, *Naturam non efſe Deum:* Cuius Effati contrario
praedictus Tractatus unice innititur. Roterodami, 1675. 4. Paginar. 100. Scripferat auc-
ctor belgice, quia latini fermonis ignarus fuit. Vid. Coleri *Vie de Spinoza*, pag. 134 de
l' edit. 1706, et pag. 117 edit. 1731. De raritate huius libelli uid. *Clement* Biblioth. crit.
T. V, p. 213 et *Baumgarten* Nachrichten von einer hälliſchen Bibliothek, T. 1, pag. 117 feq.

Gull. van Blyenbergh tribuitur tr. *Sur la vérité de la Religion Chrétienne;* 1674. 8.
in quo *Spinozam* ualde calumniatur.

Francifci Kuyperi Arcana Atheifmi reuelata, &c. Roterodami, 1676. 4. Omnia
ex Bredenburgii demonftratione geometrica haufta funt.

Lamberti Velthuyfen Tractatus moralis, de naturali pudore et dignitate hominis.
1676. *Id.* de cultu naturali et origine moralitatis. 1680. T. II Operum. Roterod. 4.

III.

B. D. S. *Opera pofthuma, Quorum feries poft Praefationem exhibetur.*
cIↄ Iↄ c LXXVII. 4. paginarum 614,
praeter Praefationem paginar. 35, Indicem Rerum, et Compendium Grammatices
Linguae Hebracae, paginarum 112.

(Curante *Jarrig Jellis*, qui praefatus eft*). Amftelod. apud *Ioh. Riewerts.*)

I. *Ethica ordine Geometrico demonftrata, et in quinque Partes diftincta, in quibus
agitur* 1. De Deo. 2. De Natura et Origine Mentis. 3. De origine et natura Adfectuum.
4. De Scruitute humana, feu de Adfectuum Viribus. 5. De potentia Intellectus, feu de Libertate Humana.

Belgice primum fcripta ab Auctore. Exftare adhuc dicitur in exemplo MS. caput
de Diabolo. Poftea uertit Mennonifta *Jarrig Jellis* ediditque pag. 1 — 300 in *De Nagelate
Schriften van B. D. S. Als Zedekunft, Staatkunde, Verbetering van 't Verftant, Brieven en
Antwoorden. Uit verfcheide Talen in de Nederlandfche gebragt. Gedrukt in 't Jaar 1676.* 4.
Paginarum 666. praeter Praefationem paginar. haud numerat. 43. Pauciſſima exempla ha-
bent imaginem Philofophi, quam hifce *Adnotationibus* praefiximus.

Germanice uerfa eft Ethica, ab anonymo Wolfiano, cum Praefatione *Jarrig Jellis,*
Mennoniftae, paginis 43 haud numeratis, Operibus pofthumis praemiffa: B. v. S. *Sit-
tenlehre widerleget von dem berühmten Weltweifen unferer Zeit Herrn* Chriftian Wolf. *Aus
dem*

---

*) *Ludou. Meyerus*, M. D. latine uertit hanc praefationem.

dem Lateinifchen überfetzet. Frankfurt und Leipzig, 1744. 8. paginar. 598. Cum imagine Spinozae, fed abfimili. Refutatio Wolfii paginarum 128 defumta eft ex eius Parte fecunda Theologiae naturalis.

Meliorem Verfionem fcripfit D. *Schack Hermann Ewald* (nifi fallor). *Spinoza's philofophifcher Schriften II Band. Die Ethik. I und II Theil. Gera, in der Bekmannfchen Buchhandlung* 1790, 1793. 8 mai. Cum praefatione ualidisque adnotationibus.

Ex Epift. XXVI Sim. de Vries ad Spinozam (pag. 460) patet iam a. 1663 Partem primam Ethices elaboratam fuiffe. Epiftolae Spinozianae II, IV, XVI, XXVII, XXIX feq. multum Ethicam illuftrant.

Gallice Ethica haud exftat. Sed *Lucas*, Medicinae Doctor Hagienfis, Spinozae dif-fcipulus, fcripfit: *L'Efprit de Mr.* Spinoza, *c'eft à dire ce que croit la plus faine partie du Monde.* Ab imperitis pro gallica uerfione libri *de tribus Impoftoribus*, a quo tamen eft fcrip-tum diuerfiffimum, (de quo plura dicturus fum *im Leben und Schriften des Philofophen* Giorda-no Bruno) uenditari folet. Manu fcripta exempla completa habent VI Capita, quae in aliis in VIII uel XVI capita diftincta funt. Vid. *I. C. Wolfii* Bibloth. Hebraica, Vol.IV, pag. 796. et *Reimmanni* Introd. in Hiftoriam theologiae iudaicae, pag. 645. Sed e lectione patet, magnam *Spinozae* iniuriam factam effe ab ifto Luca. Chap. I. *De Dieu.* §§. 6. Ch. II. *Des raifons qui ont porté les hommes à fe figurer un Etre invifible, ou ce qu'on nomme communement Dieu.* paragraph. 11. Chap. III. *Ce que fignifie ce mot Religion, com-ment et pourquoi il s'en eft gliffé un fi grand nombre dans le monde.* §§. 23. Chap. IV. *Verités fenfibles et evidentes.* §§. 6. Chap. V. *De l'Ame.* §§. 6. Chap. VI. *Des Efprits qu'on nomme Démons.* §§. 7.

Prodierunt uariae refutationes Ethices.

L'Impie convaincu, ou Differtation contre Spinofa, *dans laquelle on réfute les fonde-mens de fon Athéïfme, Par Aubert de Verfé.* à Amfterdam, 1681 et 1685. 8.

Guil. van Blyenbergh, mercator Dordracenus, fcripfit *Wederlegging van de Zede-kunft van Spinofa. Dordrecht,* 1682. 4. Defenditur Spinoza ab *Abr. Iacobo Cuffeler,* I. V. D. in Specimine Artis ratiocinandi naturalis et artificialis ad Panfophiae Principia manuducente. Hamburgi, (Amftel.) 1684. P. I, pag. 119, 125, 222, 230 monftratur, Blyen-bergium non intellexiffe aduerfarii fui mentem.

L'Impieté vaincue &c. Par *Pierre Yuon.* (Exjefuita Gallus fuit Labadii adfecla) Amftel. 1681. 1687. 8.

Chriftoph

Chriſtoph. Wittichii Anti · Spinoſa, ſiue examen Ethicrs B. de Spinoſa. Lugd. Bat. 1690. 8. *Belgice.* Amſtelod. 1692. Franciſcus Halma *) defendit Wittichium contra auctorem libelli *Vervolg van 't Leven van Philopater,* (tot Groeningen, 1697. 12.) adſeuerantem *Wittichium* fuiſſe amicum *Spinozae.*

P. *Le Vaſſor* tr. de uera Religione. Pariſ. 1688. 8. *Journal des Savans* Janv. 1689.

Petrus Daniel Huet de concordia rationis et fidei; Cadomi et Pariſiis, 1692. 4. recuſ. Lipſiae , 1692. 8. pag. 77 ſeq. Vid. Acta Erud. Lipſ. 1695, pag. 395.

Petri Poiret Fundamenta Atheiſmi euerſa, ſiue ſpecimen abſurditatis Spinoſianae, adjuncta ſunt eius libro *Cogitationum rationalium de Deo, Anima, et malo,* Amſt. 1685. 8.

Iſaac Jaquelot Diſſertations ſur l' exiſtence de Dieu. à la Haye, 1697. 4. contra Ethicam. Belgice uertit *Halma* in citato libro , pag. 117 ſeq.

Gerardi de Vries exercitationes rationales de Deo.

Iſaaci Orobii de Caſtro (mort. 1692) certamen philoſophicum poſthumum propugnatae ueritatis diuinae ac naturalis, aduerſus Iohannem Bredenburgium, Spinozae barathro immerſum. Amſtel. 1703. 12. Inſertum p. 387 ſeq. Collectioni *Lengleti* ſub tit. *Refutation des Erreurs de* Spinoza. Bruxelles, (Amſterd.). 1731. 12. *Bayle* Dictionn. hiſt. crit. p. 2774. not. *Entretiens ſur diveis ſujets d' hiſtoire et de religion entre Mylord* Bolingbroke, *et* Iſaac d' Orobio, *Juiſ Portugais. à Londres,* 1770. 8. *Philippus a Limborch* finxit amicam collationem cum iſto *Orobio,* de Veritate Religionis Chriſtianae, (Goudae, 1687. 4.) cui ſubiunxit *Vrielis Acoſtae Exemplar humanae Vitae,* aduerſus Amſtelodamenſem Iudaeorum Luſitanorum Synagogam conſignatum. Contra *Orobii* libellum *Certamen philoſophicum* cet. defenditur *Spinoza,* in libro manu exarato, pag. 106, quod eſt in Bibliotheca publica Norimbergenſi, donante Filia Godofredi *Thomaſii.* Titulus eſt: *La Religion de l' homme conduit par la Raiſon éternelle;* 484 paginarum in ſol. Capitum quatuor, I. *De l' idée de Dieu et de ſon exiſtence;* II. *De la Nature de l' Ame;* III. *De l' autorité à laquelle les hommes ſe doivent rendre.* IV. *De la Religion chrètienne.* Sentit Auctor in permultis exacte cum *Voltairio,* u. g. pag. 325 ſeq. de diuerſis Euangeliis; pag. 345 ſeq. et 398 de Actis Paulli atque Theclae , et cet. Conf. *Oeuvres de Voltaire,* 1785. 8. Tom. 44, pag. 75 ſeq. 83 ſeq. et ſic in plurimis aliis. De Chriſti reſurrectione, et adpellatione *filii Dei,* ſentit pag. 421 ut *Reimarus,* ſ. Auctor fragmentorum Wolfenbüttelenſium. Quae auctor de Trinitate pag. 62 — 73 profert, *Sandium* citando, conferri merentur cum *Serueti* Chriſtianiſmi Reſtitutione, pag. 180, 273 ſeq. Pag. 405 de loco Ieſ. VII de uirgine praegnante

et

---

*) In belgica Verſione (cum notis) Vitae Spinozae e Lexico Baeliano. Vltraiecti, 1698. 8. *Aanmerkingen op 't Vervolg van Philopater.* Cf. *Rencontre de* Bayle *et de* Spinoſa *dans l' autre monde.* Cologne, 1711. 12.

et pariente eodem modo fentit, uti *Seruetus*, pag. 69 — 72, et *Isenblehlius, Neuer Verfuch über die Weiſſagung von Emmanuel.* 1778. 8. Hocce Scriptum unum idemque effe puto cum iſto: *Doutes fur la Religion dont on cherche l'éclairciſſement de bonne foi*, quo Arenæus quidam Spinoziſta marchionem d'*Argens*)* donauerat, et cuius epitome funt *Superſtitionis arcana reuelata.* Defcripfi priorem librum manu exaratum in *Memorabilibus Bibliothecarum publicarum Norimberg.* P. III, pag. 286 feq. et fufpicatus fum a. 1704 fcriptum fuiſſe.

Franc. Lami le nouvel Athéifme renverfé, ou Refutation du Syſteme de Spinoza, tirée pour la plupart de la connoiſſance de la nature de l'homme. à Paris, 1696. 8.

Ienfii, Medici Dordraceni, Examen philofophicum fextae definitionis Partis primae Ethices Benedicti de Spinoza, fiue prodromus animaduerfionum fuper unico ueterum et recentiorum atheorum argumento, nempe una fubftantia. Dordraci, 1698. 4.

Sal. van Till Voorhof der Heidenen voor de Ongeloovigen geopent, f. *Atrium Gentium.* Dordraci, 1694. 4. Continuatio prodiit 1696.

Guſtaui Herwech tractatus, quo Atheifmum, Fanatismum, fiue Bömii Naturalismum et Spinozismum, ex principiis et fundamentis fectae fanaticae, matris Pietismi, eruit. Lipfiae et Wismariae, 1709. 4.

Ioh. Chriſtiani Burgmann exercitatio philofophica de Stoa a Spinozismo et Atheismo exculpanda. Wittenb. 1721. 4.

*   *   *

Sequitur in Operibus poſthumis, pag. 264:

II. *Tractatus politicus; in quo demonſtratur, quomodo Societas, ubi Imperium Monarchicum locum habet, ficut et ea, ubi Optimi imperant, debet inſtitui, ne in Tyrannidem labatur, et ut Pax, Libertasque ciuium inuiolata maneat.* Inchoauerat hunc Tractatum fuadente Amico, ad quem a. 1676 epiſtolam, huic Tractatui praefixam, fcripfit. Abfoluitur undecim capitibus. *Primum* continet introductionem, *fecundum* tractat de Iure naturali, *tertium* de Iure fummarum Poteſtatum, *quartum* quaenam negotia politica a fummarum Poteſtatum gubernatione peudeant, *quintum* quidnam fit illud extremum, et fummum, quod Societas poteſt confiderare, et *fextum*, qua ratione Imperium monarchicum debeat inſtitui, ne in tyrannidem labatur. In *feptimo* omnia fexti capitis membra methodice demonſtrantur; in *octauo, nono* atque *decimo* de Ariſtocratia agitur. In capite *undecimo* pauca de Democratia leguntur. Et hic fubſtitit uir diuinus, morbo impeditus, et morte abreptus. Non mirandum eſt, ob theologaſtrorum conuicia, a fcriptoribus politicis iſtum tractatum parum uel numquam citatum fuiſſe.

Belgice legitur in *De Nagelate Schriften van B. D. S.* pag. 301 — 403.

Pag.

*) Mémoires du Marquis d'*Argens*, pag. 442.

C

Pag. 355 legitur:

III. *Tractatus de Intellectus emendatione, et de ula, qua optime in ueram rerum Cognitionem dirigitur*, iam multos ante annos ab Auctore coeptus, quem perficere femper in animo habuit. Spiritibus eft deftinatus, non corporibus tractatus ifte, (dignus ut aureis litteris imprimatur) nimirum iis tantummodo paucis, qui emendationis facultatum animae altiore indagine promouendae, et uerae felicitatis humanae, ut unici fcopi, ftudiofiffimi funt. Modus medendi intellectus e quatuor percipiendi modis, qui exemplis illuftrantur, patet, ad quas adhibentur quatuor media neceffaria, quae tradit p. 364. Solus quartus modus comprehendit effentiam rei adaequatam, et absque erroris periculo; ideoque maxime eft ufurpandus. Methodum cognofcendi ueritatem, feu uerum inueftigandi, triplicem dat, primam, diftinguere, et feparare ideam ueram a ceteris perceptionibus, fiue intelligere, quid fit uera idea. Alterius methodi datae regula eft, recenfere omnes ideas, quas ex puro intellectu in nobis inuenimus, ut eae ab iis, quas imaginamur, diftinguantur. Scopus uero eft, claras et diftinctas habere ideas uiresque intellectus, eiusque naturam optime intelligere. Tertia methodi pars docet, ne inutilibus defatigemur, et quid per uires et potentiam intellectus intelligamus. Quartam partem, de fumma Entis idea et de animae cum eo combinatione, mors Viri immortalis corporea praeripuit. Kantius hanc quartam methodum ex Ethica Spinozae adnectere potuiffet, uix alius.

Belgice uerfus eft hic Tractatus in *De Nagelate Schriften van* B. d. S. pag. 405—416.

Germanicam uerfionem horum duorum Tractatuum adornauit D. *Schack Hermannus Ewaldus*, Secretarius Saxo-Gothanus, cum praefatione: Benedikt von Spinoza *zwey* (*zwo*) *Abhandlungen über die Kultur des menfchlichen Verftandes und über die Ariftokratie und Demokratie. Leipzig*, (Prag) 1785. 8.

*   *   *

Hunc Tractatum excipiunt pag. 393 feq.

IV. *Epiftolae doctorum quorumdam Virorum Ad* B. d. S. *Et Auctoris Refponfiones; Ad aliorum eius Operum elucidationem non parum facientes.*

Epiftola I. *Henrici Oldenburgii;* Londino, d. 26 Aug. 1661. Inuiferat Spinozam in feceffu Rhenoburgi, ubi de Deo, de Extenfione, et Cogitatione infinita, &c. fermonem habebant, quas res ut fufius fibi exponat Philofophus, rogat, promittitque fe miffurum Boylii Exercitationes phyfiologicas.

Ep. II. Refpondet definiendo Deum effe ens conftans infinitis attributis, quorum unumquodque eft infinitum, fiue fumme perfectum in fuo genere; Extenfionem per fe, et in fe concipi; at motum non item. Per attributum intelligi omne id, quod concipitur per fe, et in fe Ad definitionem Dei mittit folia definitionum et axiomatum

Ethi-

Ethices Partis I ufque ad Propofitionem quartam. De philofophiae Cartefii et Baconis erroribus. Hanc epiftolam Rhenoburgi adhuc habitans fcripfit.

Ep. III. *Oldenburgii.* Lond. 27 Sept. 1661. Varias mouet quaeftiones de exfiften-tia Dei, de Cogitatione, de Subftantia.

Ep. IV. Philofophi noftri, ad iter Amftelodamenfe fe accingentis. Refpondet ad *Oldenburgii* obiectiones in tres fuas, quas miferat, propofitiones, ceteris propter tem-poris breuitatem omiffis.

Ep. V. *Oldenburgius* d. 21 Oct. 1661 promiffum libellum Boylei mittit.

Ep. VI. continet Adnotationes Noftri in librum *Roberti Boyle,* (Londini, 1661. 4.) de Nitro, Fluiditate, et Firmitate, additis figuris.

Ep. VII. *Oldenburgius et Boylius* gratias agunt Philofopho pro meditationibus communicatis. De Societate Regia ftabilita. Hortatur Spinozam Oldenburgius, ut quae in Philofophicis et Theologicis concinnauerat, in publicum prodire finat, quidquid Theo-logaftri obgannire poterint.

Ep. VIII. Eft refponfio *Oldenburgii* d. 3 Apr. 1663. ad Ep. VI. De Boylii fen-tentia circa analyfin Nitri, deque fuo Experimento.

Ep. IX. *Oldenburgio* exponit, fe ob editionem Principiorum metaphyf. Cartefii aliquod tempus Amftelodami moratum fuiffe. Boylio agit gratias ob refponfiones ad fuas animaduerfiones in tractatum de Nitro; tranfitque ad experimenta.

Ep. X. *Oldenburgius* d. 31 Iulii 1663 illi mittit Boylii defenfionem uirtutis elafti-cae aeris contra Francifcum Linum. Addit experimentum, quod ualde torquebat Va-cuiftas, Pleniftis uero uehementer placebat, addita Figura. Iterum inculcat Spinozae publicationem eorum, quae meditatus fuerat.

Ep. XI. *Oldenburgius* d. 4 Aug. 1663 de contentis in Boyliano libello agit.

Ep. XII. *Oldenburgius* d. 28 April 1665 fcribit multum effe Boylium in laudando Noftro, eiusque profundas meditationes auide a doctis exfpectari. De aliis agit Boylii libris.

Ep. XIII. *Spinoza* fcribit Oldenburgio de Boylii tractatu de Coloribus, anglice edito, gaudetque hunc cum alio de frigore et Thermometris latina ciuitate donatos effe, quia linguam anglicanam haud calleret. Sibi mira narraffe Hugenium de Microfco-piis et de Telefcopiis quibusdam in Italia elaboratis, quibus eclipfes in Ioue ab interpo-fitione Satellitum obferuare potuerunt, ac etiam umbram quamdam in Saturno, tamquam ab annulo factam, explofa fimul Cartefii praecipitantia.

Ep. XIV. *Oldenburgius* d. 12 Oct. 1665 Philofophum, ut ftrenue et ακριβως phi-lofophari pergat, hortatur ut et Boylius. De *Kircheri* Mundo fubterraneo. De difcepta-

tione,

tione, ob nuperos Cometas, inter Heuelium, et Auzoutum. De Hugenii laboribus aliisque uariis rebus.

Ep. XV. *Oldenburgio* refcribit Nofter, ut et Boylio, quid fentiat circa quaefiionem: ut cognofcamus, quomodo unaquaeque pars Naturae cum fuo toto conueniat, et qua ratione cum reliquis cohaereat. Quaedam de Hugenio, et de methodo in expoliendis uitris dioptricis. Docuit Spinozam experiencia, in patinis fphaericis libera manu tutius, et melius expoliri, quam quauis machina.

Ep. XVI. *Oldenburgius d.* 8 **Dec.** 1665 percunctatur a Philofopho, qua in re tam Cartefium, quam Hugenium in regulis motus errare iudicet. De obferuatis anatomicis Oxonienfium. De Ifraelitarum ficto reditu in patriam. Multae epiftolae hic defunt.

Ep. XVII. *Oldenburgius d.* 8 Iun. 1675 (falfo legitur 8 Octob. 1665.) Spinozae confitetur, tantum abeffe, ut quidquam in uerae Religionis, folidaeue Philofophiae damnum moliatur, ut contra genuinum chriftianae religionis finem, nec non diuinam fructuofae Philofophiae fublimitatem, et excellentiam commendare, et ftabilire adlaboret.

Ep. XVIII. *Idem d.* 22 Iulii, 1675 commercio litterario inftaurato, Spinozam monet de Tractatu fuo (Ethices) quinquepartito, quem in litteris 5 Iulii fe editurum fcripferat.

Ep. XIX. Philofophus *Oldenburgio* refpondet, fe Amftelodami a ftolidis Theologis et Cartefianis deterritum editionem, quam parabat (Ethices) differre ftatuiffe, petitque, ut loca Tractatus Theologico - politici, quae uiris doctis fcrupulum iniecerunt, fibi indicaret: cupere enim iftum Tractatum notis quibusdam illuftrare, (quas hic edimus) et conceptas de eo praeiudicatasque opiniones, fi fieri poffet, tollere.

Ep. XX. *Oldenburgius d.* 15 Nou. 1675 probat hoc inftitutum Philofophi, et, quae fentit de Deo, et Natura, de Iefu Chrifto, deque eius Incarnatione, latius exponi cupit.

Ep. XXI. refcribit, fe de Deo et Natura fententiam fouere longe diuerfam ab ea, quam Neoterici Chriftiani defendere folent. Sic et de ceteris.

Ep. XXII. *Oldenburgius* uarias de hifce proponit quaeftiones Noftro.

Ep. XXIII. *Oldenburgio* exponit, qua ratione fatalem omnium rerum, et actionum neceffitatem ftatuat. Miracula, et ignorantiam fe pro aequipollentibus fumere; rel.

Ep. XXIV. *Oldenburgius d.* 14 Ianuarii 1676 refpondet, rem acu tetigiffe Spinozam, cauffam percipiendo, quare fatalem illam rerum omnium neceffitatem uulgari nollet, rel.

Ep. XXV. *Oldenburgio* fcribit, quod in praecedentibus dixerat, nos ideo effe inexcufabiles, quia in Dei poteftate fumus, ut lutum in manu figuli, fe hoc fenfu intelligi uoluiffe, uidelicet quod nemo Deum redarguere poteft, quod ipfi naturam infirmam,

fcu

feu animum impotentem dederit. — Chrifti paſſionem, mortem, et ſepulturam ſe litte-
raliter accipere, eius autem reſurrectionem allegorice, &c.

Ep. XXVI. *Simon de Vries*, Spinozae amiciſſimus, d. 24 Febr. 1663 Amſteloda-
mo illi de Definitionibus quaeſtionem mouet, cupidus ſciendi Borelline an Clauii
ſententiae adſentiatur. De Subſtantiae attributis ex Scholio Propoſ. X P. I Ethices, quae
iam a diuerſis fuit deſcripta, et cum amicis communicata.

Ep. XXVII. amicum docet Noſter inter genera Definitionum diſtinguendum eſſe &c.

Ep. XXVIII eum docet, nos numquam egere experientia ad ſciendum, utrum
Definitio alicuius Attributi fit uera, niſi ad illa, quae ex rei definitione non poſſunt
concludi.

Colerus Vie de B. de Spinoza, pag. 75 ſeq. Simon de Vries, d'*Amſterdam lui*
fit un jour préſent d'une ſomme de deux mille florins; mais Spinoza, *en préſence de ſon hôte,*
s'excuſa civilement de recevoir cet argent, ſous prétexte qu'il n'avoit beſoin de rien, et que
tant d'argent, s'il le recevoit, le détourneroit infailliblement de ſes études et de ſes occupations.
Le même Simon de Vries *approchant de ſa fin, et ſe voyant ſans femme et ſans enfans, vou-*
loit faire ſon teſtament et l'inſtituer héritier de tous ſes biens; mais Spinoza *n'y voulut jamais*
conſentir, et remontra à ſon Ami, qu'il ne devoit pas ſonger à laiſſer ſes biens à d'autres
qu'à ſon frere qui demeuroit à Schiedam, puiſqu'il étoit le plus proche de ſes parens, et de-
voit être naturellement ſon héritier. Ceci fut exécuté comme il l'avoit propoſé; cependant, ce
fut à condition que le frere et héritier de Simon de Vries *ſeroit à Spinoza une penſion viagère*
qui ſuffiroit pour ſa ſubſiſtance; et cette clauſe fut auſſi fidelement exécutée. Mais ce qu'il y a
de particulier, c'eſt qu'en conſéquence on offrit à Spinoza une penſion de 500 florins, qu'il
n'accepta pas, parce qu'il la trouvoit trop conſidérable, de ſorte qu'il la réduiſit à 300. Cette
penſion lui fut payée réguliérement pendant ſa vie; et après ſa mort, le même de Vries de
Schiedam eut ſoin de faire encore payer au Sieur Vander Spyck *ce qui pouvoit lui être dû par*
Spinoza, *comme il paroît par la lettre de* Jean Rieuwertz, *Imprimeur de la ville d'Am-*
ſterdam, employé dans cette commiſſion. Elle eſt datée du 6 Mars 1678, et adreſſée à Van-
der Spyck même.

Ep. XXIX, d. 20 Aprilis, 1663 Rheinsburgi, amiciſſimo *Ludouico Meyero*, Philoſophiae Medicinaeque Doctori, Subſtantia, Modo, Aeternitate et Duratione conſide-
ratis, exponit quaeſtionem de Infinito. citato R. *Abr. Bar Chasdai*. Eſſet ſane extenſio
in extenſione, qualem acute delineauit *Iord. Bruno* in libro: *de la cauſa, principio, et*
Vno, ut et in alio: *De l'infinito, uniuerſo et Mondi*, quorum epitomen daturus ſum in
eius Vita. *Brunus* pulcherrimam delineationem exhibuit Pantheiſmi in ſenſu latiſſimo.

Ep.

Ep. XXX. Verſio. Belgice enim ad *Petrum Balling*, Voorburgi d. 20 Iulii 1664 ſcripta ſuit, ut multae ſequentes *), quae exſtant in *de Nagelate Schriften*, pag. 526 ſeq. De ominibus ſententiam ſuam illi exponit. Meras eſſe imaginationes, confirmat caſu, qui ipſi elapſa hieme Voorburgi accidit. Mentem aliquid, quod ſuturum eſt, confuſe poſſe praeſentire.

Ep. XXXI. Verſio. *Guilielmus de Blyenbergh*, Mercator Dordracenus, Dordraci, 12 Dec. 1664 de *Cartcſii* principiis Philoſophiae, a Spinoza more geometrico demonſtratis, e quibus non nulla, quae percipere nequit, ſibi clariora reddi deſiderat.

Ep. XXXII. Verſio. Reſpondet ad ignoti ſibi hominis quaeſtiones candidus *Spinoza*, qui nihil doli a nugatore Blyenbergio ſuſpicabatur.

Ep. XXXIII. Verſio. *De Blyenbergh* d. 16 Ian. 1665 prolixe proponit oppoſitiones, dubia nouasque quaeſtiones, et quid per Negationem in Deo intelligat, erudiri exoptat.

Ep. XXXIV. Verſio. *Spinoza* moleſto Blyenbergio reſpondet multis d. 28 Ianuarii 1665, tam ad priorem, quam ad alteram epiſtolam d. 21 Ian.

Ep. XXXV. Verſio. *De Blyenbeigh* 19 Febr. 1665 iterum prolixa epiſtola aures Philoſophi obtundit, quem in tranſitu Leidenſi ſe ſalutaturum ſpondet.

Ep. XXXVI. Verſio. Patientiſſimus *Spinoza* d. 13 Martii 1665 iterum reſpondet ad quaeſtiones intempeſtiuas hominis, qui tantummodo pro ioco et riſu inferuiunt: nulli autem uſui ſunt. Viderat Philoſophus, nullam apud Blyenberghium demonſtrationem locum habere poſſe.

Ep. XXXVII. Verſio. Inuiſerat *Spinozam* hic nugator. Varia iterum quaeſtiones Carteſianas mouet d. 27 Martii, 1665.

Ep. XXXVIII. Verſio. Taedioſo Blyenberghio, ut amoueat futuras ſuas litteras, reſcribit, ſe occaſionem exſpeċtare coram animi ſui ſenſa illi exponendi, ſperatque ultro a ſuis moleſtis litteris deſtiturum.

Ep. XXXIX. Verſio. Ad anonymum, Voorburgi, d. 7 Ian. 1666. De unitate Dei.

Ep. XL. Verſio. D. 10 Apr. pergit, ut etiam in ſequenti Ep. XLI, ubi in exemplo belgico, pag. 580 figura geometrica bis poſita eſt.

Ep. XLII. Voorburgi, 10 Iun. 1666 ad *J. B.* Non eſt Ioh. Bredenburg, Eccleſiae Lutheranorum Roterod. Ephori filius; ſed forſan I. B. Med. Doċtor, qui uerſus

Prin-

---

*) Nimirum Epp. XXX — XLI, XLIII — XLVII, L, et LV — LX.

Principiis phil. Cartef. praefixit. De optima Methodo, qua inoffenfo pede in rerum cognitione pergere poffimus.

Ep. XLIII. Verfio. Arithmeticam quaeftionem foluit amico *J. v. M.* Voorburgi, d. 1 Oct. 1666.

Ep. XLIV. Verfio. Epiftola dioptrica ad *J. J.* (Jarrig Jellis, Mennoniftam) data ibid. 3 Martii, 1667.

Ep. XLV. Verfio. *Eidem* d. 25 Martii, 1667 fcribit, fe conueniffe Dom. (Ifaacum) Voffium de Heluetii negotio, qui effufe ridebat chryfopoeiam ˜ignoti hominis apud Heluetium factam, de qua re plura dicam in *den litterarifchen Nachrichten zur Gefchichte des fogenannten Goldmachens.* De demonftratione Cartefiana exfiftentiae Dei. Reliqua dioptrica funt. In exemplo belgico, pag. 587, abeft figura dioptrica.

Ep. XLVI. Verfio. *Eidem*, Voorburgi d. 5 Septemb. 1669 experimenta hydroftatica exponit. M. Oct. Hagam Comitum acceffit *Spinoza*, Voorburgio relicto. Habitabat in aggere Veerkaay, apud uidnam *Van Velden*, retro in ultimis aedibus, in fecunda contignatione, ubi poftea degebat *Ioh. Colerus.* Anno uero 1671 in platea a tergo, dicta Pavilioengragt, apud *Henricum van der Spyck* aliam conduxit habitationem, in qua etiam 1677 d. 21 Febr. Deo animam reddidit.

Ep. XLVII. Verfio. *Eumdem* in litteris, Hagae Comitis, 17 Febr. 1671 datis, rogat, ut, fi fieri poffet, uerfionis belgicae Tractatus theologico-politici impreffionem impediat. De perniciofiffimo libro *Homo politicus.*

Ep. XLVIII. *J. O.* (forfitan *Ifaaco Orobio*, Med. Doctori, Amftelod. denat. 1692) fcribit L. n. V. M. Dr. (*Lambertus de Velthuyfen*) fat longam epiftolam, Vltraiecto d. 24 Ian. 1671. ft. uet. de Tractatu theol. polit.

Ep. XLIX. *J. O.* uaria de fe docet Spinoza; fe non atheifmum docere. De uera religione; de Deo et diuina reuelatione, &c.

Ep. L. Verfio. Anonymo d. 12 Iunii, (in orig. belgico, p. 611 falfo legitur *Maii*) 1674 difcrimen inter fe et *Hobbefium* ob oculos ponit. De unitate Dei. E feneftra bibliopolae fe pendentem uidiffe *Regneri a Mansvelt* librum pofthumum aduerfus Tractatum theol. polit. de quo fupra, pag. 13 dixi.

Ep. LI. *Illuftri, et Clariffimo Viro, Benedicto de Spinoza.* Gottfridus Leibnitius.

Illuftris et Clariffime Vir,

Inter caeteras laudes tuas, quas fama publicauit, etiam infignem rei Opticae peritiam effe intellig›. Quae res efficit, ut qualemcumque conatum meum ad te deftinare uoluerim, quo meliorem in hoc ftudiorum genere cenforem non temere reperero. Schedulam hanc, quam mit-

io, ac Notitiam Opticae promotae *Inscripsi, ideo publicaui, ut commodius possem communicare cum amicis, aut curiosis. Audio et Amplissimum* Diemerbroeckium *) in eodem genere florere, nec dubito tibi cognitissimum esse. Vnde si huius quoque iudicium, et fauorem mihi impetraueris, beneficium mirifice auxeris. Schedula ipsa, quid rei sit, satis explicat.*

Credo ad manus tuas peruenisse Prodromum Francisci Lanae, *Soc. Ies.* **) *Italice scriptum, ubi Dioptrica quoque non nulla insignia proponit: sed et* Ioh. Oltius Heluetius, *iuuenis in his rebus pereruditus, publicauit* Cogitationes physico-mechanicas de Visione; *in quibus partim machinam quandam poliendis omnis generis uitris simplicem admodum, et uniuersalem pollicetur, partim ait se reperisse modum quendam colligendi omnes radios ab omnibus obiecti punctis uenientes in totidem alia puncta respondentia, sed tantum in certa distantia, figuraque obiecti.*

Caeterum id, quod a me propositum est, huc redit, non ut omnium punctorum radii recolligantur: id enim in qualibet obiecti distantia, aut figura, quantum hactenus cognitum sit, impossibile est; sed ut aeque colligantur radii punctorum extra axim opticum, ac in ipso optico; ac proinde aperturae uitrorum, salua distincta uisione, possent fieri quantaecumque. Sed haec acutissimo iudicio tuo stabunt. Vale, saueque,

Amplissime Vir, Cultori sedulo

Francofurti, 5 Octobr. Stylo
nouo 1671.

Gottfrido Leibnitio,
I. V. D. et Consiliario Mogunt.

G. G. LEIBNITII Notitia Opticae promotae ***).

Cum saepe mecum cogitarem, quantum a perfectione Optices in res humanas redundare utilitatis necesse sit; pandente nobis natura arcanos sinus, faciemque mundi centuplicante, atque insensibiles illas machinas detegente quibus pleraeque etiam in corporibus nostris, in peius meliusque mutationes peraguntur: officii mei esse putaui, non nihil temporis, quod mihi plurimum distracto exiguum superest; impendere scientiae tanti

fructus

*) i. e. Yfbrandus Diemerbroeck, Prof. Med. Vltraiect. Cartesianus, denat. 1674.

**) Viri inter maxima Ordinis ingenia, qui cum in *Prodromo premesso all' Arte Maestra*, Cap. V, tum in Tomo II *Magisterii naturae et artis*, (Brixiae, 1686. fol.) Libro VI, cap. III, artificio XLVI pag. 291 — 294 Nauim, quae propria leuitate aeri supernatet, hominesque per aerem deuehat, indicauit, de qua multa adferam im *Versuch einer Geschichte der Aëronautik; und von ihrer Verbesserung;* c. tab. aenea.

***) Francof. 1671. 4. In Opp. Leibn. Genevae, 1768. 4. T. III, pag. 14, 15.

fructus; fed more fcilicet atque inflituto meo, quo affueui eam operam fludiis infumptam pro perdita habere, qua didici tantum, fed quod adiicerem non inueni.

Occafio rem penitius fcrutandi, haec fuit: diu eft, ut amici norunt, quod mihi in mentem uenit *ratio quaedam optica metiendi ex una flatione diflantias magnitudinesque utras obiectorum*, ita comparata, ut fpes fit, ad caeleftia usque ultra parallaxes, extendi poffe, quando et fundamentum illud, cui innititur, eo usque uim notabiliter exferit.

Hanc cum nuper poliendam refumerem, fuit in fopticcs interiora inquirendum paulo diligentius, atque in primis cogitandum de figuris quibusdam, quas ego nouis nominibus (quando et res aliis intacta eft) *ifoptricas, dioptricas, et peroptricas* appellaui: quibus obiecta aequi apparentia, fuperficies ordinate refringentes aut reflectentes, denique imago eiusdem obiecti, focique eiusdem puncti, (nullius enim puncti focus unus, diftantia quauis, nullius obiecti unica imago eft) circumfcriberentur aut connecterentur: ita differentia punctorum eiusdem obiecti inter fe quod ad focum proiiciendum attinet ingens, discriminisque ratio atque illud fimul apparuit, cur apertura exigua reddita tot radios uelut inutiles excludere cogamur.

Reperto mali fonte, remedium fponte patuit, *inuentumque eft a me Lentium, quas quia quantamcumque aperturam ferunt,* Pandochas *appellare foleo,* genus nouum, a nullo, quod fciam, tactum; cuius fpecies uariae una omnium fimpliciffima, figurae fit fatis parabilis, ex qua ceterae pro commoditate mutilatae: lentium autem nomine tam *perfpicilla* quam Specula fine discrimine comprehendi.

Omnium autem commune eft nullo diftantiae, figuraeque obiecti, aut fundi excipientis discrimine, ut omnia obiecti puncta non minus diftincte repraefententur, ac fi unumquodque eorum in axi optico effet: quod hactenus in mentem uenit nulli.

Quantus fit huius inuenti fructus, neminem opticae intelligentem latet. Conftat enim magnitudinem quidem apparentem poffe uiribus augeri in infinitum, fed ea aucta diminui lucem: unde, ut nunc funt *lentes* defectu lucis in augenda magnitudine apparente parci effe debemus, praefertim ubi obiecta non funt pro arbitrio noftro illuftrabilia (quanquam nunc quoque pofita eadem obiecti illuftratione, plus radiorum apertura maior colligat:) fi uero aperturas maximas adhibere liceret, cum radii quoque futuri fint proportione plures, ac proinde lux maior, poterunt radii quoque in maiorem amplitudinem imaginis, falua luce et diftinctione, refringi.

Cum tamen neque lentes Pandochae, neque ullae aliae ex cognitis, et forte ex poffibilibus quoque, omnes unius cuiuscumque puncti radios in aliud punctum recolligant (lentium enim Pandocharum eft, id tantum praeftare punctis obiecti omnibus, quod lentes communes axi optico tribuunt, iam conftat ne puncti quidem obiecti in axe optico pofiti radios omnes ulla figura nifi quae Pandochae effe non poteft, reduniri) ideo inuentum eft a me remedium nouum et intactum, quo magna pars pereuntium radiorum conferuatur.

D   Hoc

Hoc ut uerbo dicam, praeftatur *tubis* quibusdam catadioptricis, (ad normam ta⸗
men lentium Pandocharum conftructis) id eft coniunctioni Dioptricae et Catoptricae in
unam uigorem, cuius primus omnium, quod fciam, meritiffimus de re mathematica He⸗
uclius in Polemofcopio fpecimen dedit, fed alio plane confilio fructuque.

Rem tanta certitudine, quanta caetera optica omnia habemus, demonftraffe mihi
uideor, atque illud etiam comperiffe, *hyperbolae* et *ellipfeos* et aliarum id genus figurarum
non pandocharum admotus ad *diftinctam uifionem* efficiendam tantas non fore, quanti paf⸗
fim habentur, nec proinde in proiiciendis imaginibus expectationi fatisfaciuas.

Ad radios autem diuerforum etiam punctorum confundendos, aut in exiguum fpa⸗
tium contrudendos, id eft, ad *comburendum* aut *illuftrandum* (qui duo funt effectus lumi⸗
nis intenfi, fed confufi) magnam utique uim habebunt, ac proinde poliri eas operae pre⸗
tium erit quod duobus tantum motibus, recto et circulari, et utroque non nifi femel
adhibito, facili negotio praeftari poteft.

Ep. LII. *Eruditiffimo, Nobiliffimoque Viro*

Gottfrido Leibnitio
I. V. D. et Confiliario Mogunt.

Benedictus de Spinoza.

*Eruditiffime Nobiliffimeque Domine *),*

Schedulam, quam mihi dignatus es mittere, legi, magnasque pro eiusdem communica-
tione ago gratias. Doleo, quod mentem tuam, quam tamen credo te fatis clare expofuiffe,
non fatis affequi potuerim, uidelicet, an aliam credis effe caufam, cur in uitrorum apertura
parci effe debemus, quam quia radii, qui ex uno puncto ueniunt, non in alio accurate puncto;
fed in fpatiolo, quod punctum Mechanicum appellare folemus, congregantur, quod fpatiolum
pro ratione aperturae maius, aut minus eft. Deinde rogo, num lentes illae, quas pandochas
uocas, hoc uitium corrigunt, ut fcilicet punctum Mechanicum, fiue fpatiolum, in quo radii,
qui ex eodem puncto ueniunt, poft refractionem congregantur, idem ratione magnitudinis fem-
per maneat, fiue apertura magna fit, fiue parua. Nam, fi haec praeftant, earum aper-
turam ad libitum augere licebit, et confequenter omnibus aliis figuris mihi cognitis longe prae-
ftantiores erunt, alias nihil uideo, cur easdem fupra communes lentes tantopere commendas.
Lentes enim circulares eundem ubique habent axem, adeoque quando illas adhibemus, omnia
obiecti puncta, tanquam in axe Optico pofita, funt confideranda: et quamuis omnia obiecti
puncta non in eadem fint diftantia, tamen differentia, quae inde oritur, fenfibilis effe non poteft,

quan-

*) Vid.: noftra Tabula aenea; ex autographo in Biblioth. Regia Hannouerae.

quando obiecta admodum remota funt, quia tum radii, qui ex uno puncto ueniunt, tanquam paralleli confiderati, ingrederentur utrum. Hoc tamen credo lentes tuas iuuare poffe, quando plurima obiecta uno obtutu comprehendere uolumus, (ut fit, quando lentes circulares conuerfas admodum magnas adhibemus) ut omnia fcilicet diftinctius repraefententur. Verum iudicium de his omnibus fufpendere malo, donec mentem tuam clarius explices, quod ut facis, enixe rogo. Dom. ***** ut iubes, alterum exemplar mifis refpondit, fibi inpraefentiarum tempus non effe id examinandi, fe tamen poft unam, aut alteram hebdomadam uacaturum fperat.

Prodromum Francifci Lanae nec dum uidi, ut nec etiam Ioh. Oltii Cogitationes Phy-fico-Mechanicas, et, quod magis doleo, nondum Hypothefs tua Phyfica ad manus meas per-uenit, nec hic Hagae Comitis uenalis exftat. Munus igitur, quod mihi tam liberaliter promit-tis, acceptiffimum mihi erit, et fi qua alia re tibi inferuire potero, femper me inuenies paratif-fimum. Precor itaqua ut ad haec pauca mihi refpondere non graueris.

Vir ampliffime

Hagae Comitis
9 Nou. 1671.

Ex affe tuus
B. Defpinoza.

P. S. D... Diemerbrucklius*) hic non habitat. Cogor itaque hanc tabel-lioni ordinario tradere. Non dubito, quin hic Hagae Comitis ali-quem, qui epiftolas noftras curare uelit, noueris, quem ego no-uiffe uelim, ut epiftolae commodius et fecurius curari poffent. Si Tractatus theologico- politicus ad tuas manus nondum perue-nerit, unum exemplar, nifi mol..ftum erit, mittam. Vale.

Infcriptio.

Nobiliffimo Ampliffimoque D.° D.° Gotfredo Guilielmo Leibnitio Juris u. Doctori et Confilia-rio Moguntino

Maintz.

Ep. LIII. Ioh. Ludou. Fabricius, Profeffor et Confiliarius Palatinus, iuffu Ele-ctoris, Heidelbergae, d. 16 Febr. 1673 Spinozae munus Profefforis Philofophiae ordina-rii offert, cum ampliffima philofophandi libertate.

Ep. LIV. d. 30 Mart. Philofophus declarat, fe quoniam numquam publice doce-re animus fuit, induci non poffe, ut praeclaram hanc occafionem amplectatur.

D 2

Ep.

*) Haec omiffa funt in Opp. pofthumis, et in Verfione belgica, pag. 614.

Ep. LV. Verſo. D. 14 Septemb. 1674 anonymus *Spinozae* de apparitionibus, et ſpectris uel lemuribus ſententiam ſcire deſiderat.

Ep. LVI. Verſo. Ad futiles iſtas quaeſtiones reſpondet, ſe quid ſint ignorare, et neſcire, ſintne infantes, ſtulti, uel infani.

Ep. LVII. Verſo. Indicat lepidus anonymus d. 21 Septemb. 1674 quatuor ridiculas cauſſas, cur ſpectra dentur, &c.

Ep. LVIII. Verſo. Tolerantiſſimus *Spinoza* hiſce ineptiis et anilibus fabulis patientem praebet aurem, (quod miror) refutat quatuor cauſſas, et quia ſcripſerat ſapiens anonymus, fortaſſis nullos dari ſpiritus feminini generis, reponit ſe non parum obſtupuiſſe, homines facundiam ſuam inſumere, eaque abuti, ut aliis eiusmodi nugas perſuadeant.

Ep. LIX. Verſo. Non ceſſat aures tanti Viri obtundere anonymus naſutulus, et in ſuis opinionibus credulis perſiſtere conatur.

Ep. LX. Verſo. *Spinoza* hactenus nullam intelligibilem ſe de ſpectris uel lemuribus hauſiſſe proprietatem, adſeuerat.

Ep. LXI. D. 8 Octob. 1674 alius anonymus *) ſapientior *Spinozae* uarias philoſophicas quaeſtiones, nomine amici, proponit in litteris per I. R. (Ioh. Riewerts bibliopolam) miſſis, de *Carteſii* et *Spinozae* ſententia de libero arbitrio, cet.

Ep. LXII. Meyero Philoſophus copioſe et perhumane, expoſito ſtatu quaeſtionis, animi ſui ſenſa declarat.

Ep. LXIII. *Meyerus* d. 5 Ian. 1675 hortatur Philoſophum noſtrum, ut Methodum ſuam, ſ. Tractatum de Intellectus emendatione, edat; diſquirit de ideae uerae et adaequatae differentia.

Ep. LXIV. *Spinoza* nullam aliam differentiam agnoſcit, quam quod nomen ueri reſpiciat tantummodo conuenientiam ideae cum ſuo ideato; nomen adaequati autem naturam ideae in ſe ipſa — ex quibusdam proprietatibus alicuius rei (quacumque data idea) alia facilius, alia difficilius inueniri poſſe.

Ep. LXV. Londini, d. 25 Iulii, 1675 *Meyerus* uarias de attributis Dei quaeſtiones mouet.

Ep. LXVI. *Spinoza* d. 29 Iulii, 1675 ad dubia reſpondet.

Ep. LXVII. Londini, d. 12 Aug. 1675 *Meyerus* petit demonſtrationem, animam non poſſe plura attributa Dei, quam Extenſionem, et Cogitationem percipere; ſcribitque contrarium ex Schol. Propoſitionis 7 Partis 2 Ethices poſſe deduci.

Ep.

*) Ludou. Meyerus, M. D. ut patet ex ep. XXIX, pag. 469.

Ep. LXVIII. D. 18 Aug. Amicum ad Propof. 10 P. I Ethices ablegat.

Ep. LXIX. *Meyerus* 2 Maii, 1676 erudiri cupit, quomodo intelligenda fint, quae *Spinoza* in Epiftola XXIX Rheinsburgi, 20 Apr. 1663 de Infinito fcripferat.

Ep. LXX. Nofter mentem fuam de Infinito latius Amico exponit d. 5 Maii, 1676.

Ep. LXXI. *Meyerus* Parifiis 23 Iun. 1676 doceri defiderat, qui ex conceptu Extenfionis fecundum *Spinozae* meditationes, uarietas rerum a priori poffit oftendi.

Ep. LXXII. D. 15 Iulii, 1676 refpondet, materiam a Cartefio male definiri per Extenfionem, cet.

Ep. LXXIII. *Albertus Burgh.* fidem romano - catholicam amplexus, Florentiae, d. 11 Sept. 1675, longis atque taediofis litteris hortatur Philofophum, ut fiat Pontificius, ut legat fanctos Patres, et Doctores Ecclefiae!! Deum enim animam fuam ab aeterna damnatione eripere uelle, modo ipfe uelit!!! *Rifum teneatis amici!*

Ep. LXXIV. Iuueni ifti refpondet fe credere uix potuiffe, eum romanae Ecclefiae membrum eiusque acerrimum propugnatorem effe, miferrimis Burghii argumentis explofis, ut refipifcat, ex animo optat.

Belgice uerfae fant latinae epiftolae in *de nagelate Schriften*, pag. 417 usque ad finem. Errat *Koecherus* in noua Biblioth. hebraica, P. I, pag. 33, quando fcribit, collectionem Epiftolarum ibi deficere, et editorem (fuit *Jarrig Jellis*) libri belgici effe *Ioh. Henr. Glafemackerum.*

Indicem rerum Operum pofthumorum excipit (quod in multis exemplis deeft).

V. *Compendium Grammatices Linguae hebraeae*, Capitibus XXXIII, paginarum 112 cum Indiculo rerum et capitum.

Contra eam non nulla adiert *Henr. Bened. Starkius*, in praefat. ad Lucem Grammat. ebr. Lipfiae, 1705. 8. edit. 2^{dae} Praeclare de eadem Grammatica hebr. iudicauit *Iac. Sigism. Baumgartenius*, in *Nachrichten von einer Hallifchen Bibliothek*, T. I, P. II, pag. 112.

Omiffa eft in Verfione belgica Operum Spinozianorum, cuius omiffionis haec ratio pag. 42 Praefationis belgicae datur: *Onze Schrijver heeft noch in de Latijnfche taal een Hebreufche Grammatika, of Letterkunft, in gefchrift, doch onvolmakt, nagelaten; en hoewel dezelfde van verfchiide geleerde lieden, onder de welken verfcheide affchriften beruften, grotelijks geprezen ward; zo hebben wy echter niet dienftig geacht, haar in de Nederlantfche Taal door de druk gemeen te maken, maar garaden gevonden dezelfde voor de Latijnen in de Latijnfche taal in druk te laten; demijl men zelden tot het leren van 't Hebreeus toetreed, voor dat men de Latijnfche taal machtig is geworden.*

D 3　　　　　　　　　　　　　Prae-

Praeceptor Spinozae in L. hebr. fuit Rabbi Mofes Monteira, cuius hymni in initiationem Academiae feu Scholae cuiusdam Venetae, quam בית המדרש (Domum Scholae) nocant, cum aliorum carminibus exftant in *Jom Tov Valoafon*, Rabbini Veneti, ארבע אורים (Arbaa Vrim) *quatuor Luminaribus*, Venetiis, 1672. paginarum 24 in fol. impreffis. Quatuor haec Luminaria funt Schalem filius Ifaac mehallevijim, *Mofche Mortera*, Abraham Monjon et Simcha Luzati. Vid. Wolfii Biblioth. hebr. Vol. III, pag. 367, 368.

Falfo *Spinozae* tribuitur *Lucii Antiftii Conftantis* de Iure Ecclefiafticorum, Liber Singularis. Alethopoli (Amftel.) 1665. 8. 162 paginar. *) Verus auctor eft Dom. *de la Court*, five *Van den Hoof*. Vid. *Leibnitii* Theodicee, §. 375. Id quod ignorauit I. A. Ortloff im *Handbuch der Litteratur der Philofophie* &c. I Abtheil. pag. 213. *Caroll* et *Hicks* eumdem commiferunt errorem, in tr. Spinoza *Reviv'd: or a Treatife*, *proving the book*, *entitled*, *The Rights of the Chriftian Church*, &c. (by Tindal) *in the moft notorious Parts of it*, *to be the fame with* Spinoza's *Rights of the Chriftian Clergy*, &c. *And that both of them are grounded upon downright Atheifm. To which is added A preliminary Difcourfe relating to the faid Books*, *By the Reverend Dr.* George Hicks. London, 1709. 8 mai. paginar. 179.

Alia Scripta de SPINOZAE Syftemate.

Falfiffime et iniuriofe Spinoza e Kabbala inepta pofitiones de Deo et Subftantia hauffife putatur, e decem ספירות (*Sephiroth*) arbore cabbaliftica, feu pofitionibus myfticis de proprietatibus, five attributis diuinis (מדות). Vid. Wolfii Bibl. hebr. Vol. II, p. 1221 feq. Cabbalae cum Spinozifmo confenfum, contra Wachterum **), recte negat Dethlev Cluver *hiftor. Anmerkungen*, 1706, p. 215.

Quae *Maimonides* L. III, c. 12 et 17 *Doctoris perplexorum* de Malo et Prouidentia dixit, egregie illuftrauit *Sal. Maimon*, (in. Nou. 1800 demortuus) in *der deutfchen Monatfchrift*, 1791. m. Nou. de Theodicea, pag. 190 — 212. Fragmenta Cabbaliftica, quae L. Ben Dauid accepit ***) illuftrauitque, fine dubio ficta funt, et praecipue primum eft e Spinozae Ethica

con-

---

*) *Schwindel* in Thefauro bibliothecali; T. I, pag. 260 dat per errorem annum 1666, et formam duodenam.

**) *Der Spinozifmus im Iudenthum.*

***) Deutfche Monatfchrift, 1791. Oct. p. 146 — 164.

confectum, fed male, nam Philofophus nofter haud docuit, Deum et Mundum unum idemque effe. Miror quod non dixerint etiam nafutuli, Spinozam haufiffe fuam de anima ideam e Sinenfium philofophia*), aut a Scholaftico *Davide de Dinanto*, qui ftatuit Deum effe primam rerum creararum materiam, de quo uid. *Leibnitii* epp. ad diuerfos, Vol. II, p. 426. Pari modo Emanatio a Syftemate Spinozae alieniffima eft, ut recte fentit ill. *Herder*, in aureo libello *Gott. Einige Gefpraeche*, pag. 172.

Abrahamus Iacobus Caffeler, I. V. D. *Spinozae* difcipulus, Logicam edidit fub tit. *Specimen artis ratiocinendi naturalis et artificialis ad Panfophlae principia manu ducens. Hamburgi,* (Amftel.) *Apud Henricum Kunrad,* (Chriftoph. Conrad) 1684. 8. P. I. paginar. 258. P. II. pag. 229. P. III. pag. 140. Cum 11 tabulis aen. Defendit etiam Philofophum contra Blyenbergium, P. I, pag. 119, 125, 222, 230. Vid. *Iac. Staalkopf* de Spinozifmo poft Spinozam, pag. 8.

Der Spinozismus im Iudenthum, oder die von dem heutigen Iudenthum, und deffen geheimen Kabbala vergotterte Welt, an *Mofe Germano*, fonften *Johann Peter Speth*, von Augfpurg gebürtig, Befunden und widerleget von *Johann Georg Wachter.* (Prof. Philof. Berolin.) Amfterd. 1699. 8. Pars I et II, paginarum 256. P. III pag. 77. Poenituit poftea Auctorem ex parte inftituti fui, idque profeffus eft in *Elucidario Cabbaliftico*, fiue reconditae Hebraeorum Philofophiae breui et fuccincta recenfione. Romae, (Roftochii) 1706. 8; (Vid. *Wolffi Biblioth. hebr.* Vol. II, pag. 1236. Vol. I, pag. 811. Vol. III, p. 740 feq. et Herm. Fried. Koecheri Analecta ad Biblioth. hebr. P. I, p. 93) ubi in praefatione, p. 13 erraffe fe quidem in eo profitetur, quod Spinozismum tamquam Atheifmi reum cum Cabbala, eamdem propugnante cauffam, condemnarit, quod fugiffe uidetur *Mendelsfohnium*, in den Morgenftunden, pag. 214. Leibnitius in praefamine Theodiceae, *Difcours d. la conformite d. la foi avec la raifon*, §. 9 haec de Mofe Germano fcribit: *La certain Allemand natif de la Suabe, devenu Juif il y a quelques annees, et dogmatifant fous le nom de Mofes Germanus, s'etant attaché aux dogmes de Spinoza, a cru que Spinoza renouvelle l'ancienne Cabale des Hebreux: et un favant homme* (Wachter) *qui a refuté ce profelyte Juif, paroit être du même fentiment. Mofes* poftea, fiue *Speethlus*, ipfe hoc crimen a Cabbaliftis et fe ipfo amolitus eft fingulari fcripto: *Diatribe de ortu et progreffu facultatis et formali conftitutione artis Medicinae per Iudaeos: Confequenter mifera abfurditas errantis fapientiae,* (quam *Philofophiam* uulgo uocant) *extra legem Del conftitutae ad confiderandum data aliquot exemplis ex chimaerico tractatu Theologico-Politico Spinofae.*

Von *Spinoza*, und deffen atheiftifchen Lehren; *Obfervationes Mifcellaneae*, Vter Theil, Leipz. 1712. 8. pag. 293 feq. c. imagine Spinozae, fed abfimili.

Ioh.

---

*) Omnia effe unum, (Wan we ye ti) quod ita interpretatur (P. Dominicus Fernandez Navarreta. unam effe omnium rerum fubftantiam et effentiam.

Ioh. Regii Cartefius uerus Spinozismi Architectus. Franeq. 1719. 8.

Sur le Syftème de Spinoza et fur les Rémarques de Mr. Bayle; par *Jarriges*. In *Hift. de l'Acad. des Sciences de Berlin*, 1745. T. I et II. Germanice in *Hifsmann's* Magazin für die Philof. und ihre Gefchichte, 5ter Band, p. 1 — 73.

Noftris temporibus *Spinozae* Syftema praecipue illuftrarunt

Mofes Mendelsfohn in den Morgenftunden, oder Vorlefungen über das Dafeyn Gottes. I Theil. Berlin, 1785. 8. u. XIII et XIV. Edit. 2da Ibid. 1786. 8. Conf. *Iacob's* Prüfung der Mendelsfohnfchen Morgenftunden, et *Maimon's* Lebensgefchichte, 2 Th. pag. 185.

Friedrich Heinrich Iacobi über die Lehre des *Spinoza;* in Briefen an den Herrn *Mofes Mendelsfohn.* Leipzig, 1786. 8. Neue vermehrte Ausgabe. Breslau, 1789. 8. c. imagine Philofophi.

Mofes Mendelsfohn an die Freunde Leffings. Ein Anhang zu Herrn Jacobi Briefwechfel über die Lehre des Spinoza. Berlin, 1786. 8.

Georg Guftav Fülleborn's Spinozae Pantheismus, und Syftem; in den *Beyträgen zur Gefchichte der Philofophie*, P. III, p. 34, 105.

* * *

Auguft Wilhelm Rehberg Abhandlung über das Wefen und die Einfchränkungen der Kräfte. Leipz. 1779. 8.

Idem, Ueber das Verhältnifs der Metaphyfik zu der Religion. Berlin, 1787. 8.

Gott. Einige Gefpräche von *I. G. Herder*. Gotha, 1787. 8.

Heydenreich Natur und Gott nach Spinoza.

Salomon Maimon über die Progreffen der Philofophie. Berlin, 1793. 8 mai.

Eiusdem Verfuch über die Transfcendentalphilofophie. Berlin, 1790. 8.

Reinholds Syftematifche Darftellung aller bisher möglichen Syfteme der Metaphyfik. *Teutfcher Merkur*, Jan. und März 1794.

BENE.

BENEDICTI DE SPINOZA
NOTAE MSTAE MARGINALES
AD
TRACTATVM THEOLOGICO-POLITICVM
(edit. in 4to 1670)
descriptae ex originali,
quod possidebat
IOH. RIEUWERTSZ,
Typographus Ciuit. Amstelod.

Ad CAP. I.

Pag. 1 lin. 6. (P. 1 lin. 9.) *) ad uocem hebraicam נביא nabi) Verborum tertia radicalis, si ex iis sit, quae quiescentes uocantur, solet omitti, et eius loco secunda thematis littera duplicari; ut ea קלה omisso ה quiescente fit קלל et exinde קול *loquela*, siue oratio. Sic ex נבא fit נבואה Optime igitur R. Salomo Iarchi hoc uerbum *prophetiam* interpretatus est; sed male ab *Aben Hgezra** *), qui *linguam hebraicam non adeo exacte nouit*, carpitur. Praeterea notandum, nomen נבואה (*Prophetia*) universale esse, et omne prophetandi genus comprehendere. Reliqua autem nomina specialiora esse, et mixte hoc uel illud prophetandi genus respicere, quod doctis notum esse credo.

NB. *In fine huius paginae primae haec deprehenduntur a Spinoza scripta, post. a. 167⅗.*

Ad pag. 2 lin. 6 (p. 2 lin. 25). *At, quamuis scientia naturalis diuina sit, eius tamen propagatores non possunt uocari prophetae)* hoc est, Dei interpretes. Nam interpres Dei est, qui Dei decreta, ipsi reuelata, aliis interpretatur, quibus eadem reuelata non sunt,

et

---

*) Prior pagina est editionis in 4to. 1670. altera uncis inclusa est edit. in 8vo. 1673, quam addidi.

**) Effert Spinoza litteram ע Hgain, *hg*, ח Ghet, *gh*, כ Khof, *hh*. Vid. eius Compend. gram. L. hebr. pag. 2 in Opp. posthumis (curante Jarrig Jellis, Amstel. ap. Ioh. Rieuwertz.) 1677. 4. *M.*

E

et quorum certitudo fola prophetae auctoritate et fide, qua ipfi habetur, nititur. Alias fi homines, qui Prophetas audiunt, prophetae fierent, ficuti ii philofophi fiunt, qui philofophos audiunt; tunc propheta divinorum decretorum non effet interpres, quandoquidem eius auditores non eiusdem auctoritate, fed ipfa divina revelatione, et interno teftimonio, ut ipse, niterentur. Sic fummae Poteftates iuris funt interpretes, quia eorum fola auctoritate defentitur, et eorum folo teftimonio probatur.

Ad pag. 3 lin. 21. (p. 4 l. 27) *ubicunque*) lege *quandocunque* — — *Deum ad loquendum.*

Ad pag. 13 lin. 19. (p. 19 l. 9) *quam quod Prophetae virtutem fingularem et fupra communem habebant)* Quamuis quidam homines quaedam habeant, quae natura aliis non impertit; non tamen naturam humanam excedere dicuntur, nifi ea quae fingulariter habent, talia fint, ut ex definitione humanae Naturae percipi nequeant: e. g. gigantis magnitudo *rara* eft, tamen *humana*. Carmina praeterea ex tempore componere, paucisfimis datur; et nihilominus humanum eft; ut etiam quod aliquis oculis apertis res quasdam adeo vivide imaginetur, ac fi easdem coram fe haberet; at fi quis effet, qui aliud percipiendi medium, aliaque cognitionis fundamenta haberet, is fane humanae naturae limites transcenderet.

Ad CAP. III.

Pag. 34, lin. 8. (p. 49, l. 5) *Patriarchis)* Genes. c. 15 narratur, quod Deus Abrahamo dixerit, fe ipfius effe defenforem, et remunerationem daturum amplam admodum; ad quae Abrahamus, fibi nihil, quod alicuius poffet momenti effe, expectandum; quia provecta iam fenectute, orbus erat.

Ad pag. eand. lin. 19. (lin. 20) *vitae fecuritas)* ad vitam aeternam non sufficere V. T. mandata obferuare, patet ex Marc. 10, 21.

Ad CAP. VI.

Pag. 70, lin. 23. (p. 102, lin. 11) *Cum Dei exiftentia non fit per fe nota)* De Dei exiftentia, et consequenter de omnibus, dubitamus, quamdiu ipfius Dei non claram et diftinctam, fed confufam habemus ideam. Nam ut ille, qui naturam trianguli non recte nouit, nefcit, eius tres angulos aequales effe duobus rectis: fic is, qui naturam diuinam confufe concipit, non videt, quod ad Dei naturam pertineat, *exiftere*. At, ut Dei natura a nobis clare et diftincte concipi poffit; neceffe eft, ad notiones quasdam fimpliciffimas, quas communes vocant, attendere, et cum iis ea, quae ad diuinam naturam pertinent, concatenare. Atque tum nobis primum fit perfpicuum, DEVM neceffario exiftere, et ubique effe, et fimul adparet, omnia quae concipimus, DEI naturam inuoluere, perque eandem concipi: et omnia denique quae adaequate concipimus, vera effe. Sed

de

do hoc ulde Prolegomenon libri, cuius titulus eſt: *Principia Philoſophiae more geome-*
trico demónſtrata *).

Ad CAP. VII.

Pag. 93, lin 1. (p. 134, l. 14) *Impoſſibile)* Nobis ſcilicet, qui huic linguae non adſue-
uimus, et eius phraſeologiam deſideramus.

Pag. 97, lin. 12. (p. 140, l. 22) *conceptum)* Per res perceptibiles non illas tantum in-
telligo, quae legitime demonſtrantur; ſed etiam illas, quae morali certitudine ampleſti,
et ſine admiratione audire ſolemus, tametſi demonſtrari nequaquam poſſint. Euclidis
propoſitiones a quouis percipiuntur, priusquam demonſtrantur. Sic etiam hiſtorias rerum
tam futurarum, quam praeteritaium, quae humanam ſidem non excedunt, ut et m. iura,
inſtituta, et mores perceptibiles voco, et claros; tametſi nequeunt mathematice demonſtrari. Caeterum hieroglyphica et hiſtorias quae ſidem omnem excedere uidentur, imper-
ceptibiles dico; et tamen ex his plura dantur, quae ex noſtra methodo inueſtigari poſſunt,
ut mentem auctoris percipiamus.

Pag. 99, lin. 20 in medio, (p. 143, l. ult.) יותד) lege יותר ואולי זה היה

Ad CAP. VIII.

Pag. 106, lin. 1. (p. 153, l. 15) *Morya mons.)* Nempe ab hiſtorico, non ab Abrahamo. Nam ait locum, qui hodie dicitur, *in monte DEI reuelabitur,* ab Abrahamo uo-
catum fuiſſe, *DEVS prouidebit.*

E 2   Pag.

---

*) Pag. 7 ſeq. Amicus Spinozae in Epiſtola LIX (Opp. poſthum. p. 576) quam a. 1674 belgice ſcripſit, illi
obiicit: *Tam claram de Spiritibus, quam de triangulo, poſtulas ideam, quod impoſſibile*
eſt. Dic mihi, obſecro, quam de Deo habeas ideam, et an ea intellectui tuo adeo ſit cla-
ra, ac idea trianguli. Scio, te non habere, dixique, nos tam beatos non eſſe, ut res pro-
bationibus demonſtratiuis percipiamus, et plerumque probabile in hoc mundo praeualere.
Reſpondet acutiſſimus Philoſophus noſter (pag. 560): *Ad quaeſtionem tuam, an de Deo tam cla-*
ram, quam de triangulo, habeam ideam, reſpondeo affirmando: Si me uero interroges,
utrum tam claram de Deo, quam de triangulo habeam imaginem, reſpondebo negando. Deum
enim non imaginari; ſed quidem intelligere poſſumus. Hic quoque notandum eſt, quod non
dico, me Deum omnino cognoſcere; ſed me quaedam eius attributa; non autem omnia, ne-
que maximam intelligere partem, et certum eſt, plurimorum ignorantiam, quorundam ha-
bere notitiam, non impedire. Quum Euclidis elementa addiſcerem, primo tres trianguli an-
gulos duobus rectis aequari intelligebam; hanceque trianguli proprietatem clare percipiebam,
licet multarum aliarum ignarus eſſem. Belgice, pag. 632: Toen ik my jn Euklides beginſelen
begon t' oeffenen, verſtond ik eerſt dat de drie hoeken van een driehoek met dwee rechte hoeken
gelijk waren; en deze eigenſchap van de driehoek verſtond ik klarelijk en onderſcheidelijk, ſchoon
ik in veel andere eigenſchappen van de zelfde driehoek onkundig was.

Pag. 108, lin. 5. (p. 136, l. 13) *fubegit.*) A quo tempore usque ad Ieroboami regnum, quo ab eo discefferunt, 2 Reg. 8. v. 20.) Idumaea reges non habuit; fed praefides, a Judaeis conftituti, regis locum fupplebant. (uid. I Reg. XXII. 48) et ideo Idumaeae praeses (2 Reg. 3. 9) Rex appellatur. An autem ultimus Idumaeorum regum regnare inceperit, antequam Saul rex creatus fuerit; an uero fcriptura in hoc Genefeos capite reges folummodo, qui inuidi obierint, tradere uoluerint, ambigi potest. Caeterum ii plane nuguntur, qui Mofen, qui diuinitus Hebraeorum imperium, a monarchico omnino abhorrens, inftituit, ad Regum Hebraeorum catalogum referre uolunt.

Ad CAP. IX.

Pag. 115. lin. 22. (p. 167, l. 5) *exceptis*) e. g. 2 Reg. 18. 20. legitur in fecunda perfona, אָמַרְתָּ *dixifti*, fed oretenus &c. Efaiae autem cap. 36, uers. 5. אָמַרְתִּי i. e. *ego dixi*, certe uerba funt, opus effe ad bellum confilio et fortitudine. Deinde uerfu 22 legitur וְכִי תֹאמְרוּן (i. e. *fed forfan dicetis:*) in plurali; quod in Esaiae exemplari in finguolari numero reperitur. Praeterea in Esaiae textu non leguntur haec (2 Reg. cap. 32. uers. 32.) uerba &c. et admodum multae aliae uariae lectiones reperiuntur, ex quibus quaenam prae ceteris eligenda fit, nemo determinabit.

Ibid. lin. penult. (lin. 13) *mirifice mutata*) e. g. 2 Sam. VII, 6. legitur: *et continuo vagari cum tabernaculo et tentorio.* 1. Paral. autem cap. XVII, 5. *et eram de tentorio in tentorio, et de tabernaculo:* mutato fcilicet בְּמִשְׁכָּן in מִמִּשְׁכָּן.

Deinde 2 Sam. 7, 10. legitur: לְעַנּוֹתוֹ *ad affligendum eum.* et 1. Paralip. XVII, 9. לְבַלּוֹתוֹ *ad conterendum eum.* Et ad hunc modum plures et alias maioris momenti discrepanties unusquisque qui plane caecus non eft, nec omnino infanit, obferuabit, qui haec capita femel legerit.

Pag. 116, lin. 12. (p. 167, lin. penult.) *Quod tempus neceffario referendum eft ad aliud*) Quod hic textus nullum aliud tempus refpiciat, quam illud, quo Iofephus uenditus fuerit; non tantum ex ipfius orationis contextu conftat; fed etiam ex ipfa ipfius Iudae aetate colligitur, qui tum temporis uigefimum fecundum aetatis ad fummum agebat annum, fi ex ipfius praecedenti hiftoria calculum facere licet. Nam ex 29 cap. Genes. apparet, quod Iuda natus fuerit ab anno 10, a quo Iacobus fervire coepit Labano. Iofeph autem decimo quarto. Cum igitur ipfe Iofeph cum uenderetur, aetatis XVII agebat annum, ergo Iuda tum temporis XXI annos natus erat, non amplius, qui itaque hanc Iudae diuturnam domo abfentiam ante Iofephi uenditionem contigiffe contendunt, fibi blandire ftudent, de fcripturae diuinitate follicitis magis, quam certis.

NB. *Hic ipfi* (Spinozae) *defecerat atramentum; alias forte continuaffet eamdem materiam pluribus.*

Pag. 117, lin. 9. (p. 169, l. 8) *Sechemo*) Nam quod quidam (u. c. Aben Hgezra) putant, Iacobum 8, uel 10 annos inter Mesopotamiam et Bethel peregrinasse, stultitiam redo-
let. Nam non tantum propter desiderium, quod sine dubio tenebatur uidendi profectissi-
mae aetatis parentes; sed etiam et praecipue, ut uotum solueret, quod uouerat, cum
fratrem fugeret, (uid. Genes. 23, v. 20 et 31, v. 13 et 35, v. 1.) quantum potuerit festina-
uit; ad quod etiam soluendum Deus ipsum monuit, (Genes. 31, v. 3 et 13.) et auxilium
suum, quo in Patriam duceretur, promisit. Quod si tamen hae coniecturae potius quam
rationes uidentur, age concedamus, Iacobum 8, vel 10 et, si placet plures annos breui
hoc itinere consumsisse. Hoc certe negare non poterunt, quod Benjamin in ultimo huius peregrinationis anno natus fuit, hoc est, ex ipsorum hypothesi, anno natiuitatis Iosephi 7 Labano uale dixit: at ex anno 17 aetatis Iosephi usque quo Iacobus Aegyptum
migrauit, non plus quam 22 anni, numerantur, ut in hoc capite ostendimus. Benjamin
eo tempore, quo scilicet Aegyptum profectus est, 23 aut 24 annos natus erat, quo aetatis
flore nepotes habuisse constat, (ex cap. Genes. 46, v. 21. quem confer cum uersu 38, 39,
40, cap. 26, Numer. et cum cap. 8, v. 1 sq. libri 1 Paral.) Nam Belah Benjamin primoge-
nitus duos iam filios Ard et Nahgamum genuerat; quod sane non minus a ratione alie-
num est, quam statuere, quod Dina septennis uim passa fuerit, et reliqua, quae ex
huius historiae filo deduximus. Atque adeo adparet, ipsos in Scyllam incidere, cupientes
uitare Charybdim *).

Pag. 118, lin. 11. (p. 170, l. 24) *Hotniel filius Kenaz iudicauit 40 annos*) Rabbi Levi
Ben Gerson, et alii credunt, hos quadraginta annos, quos scriptura ait, in libertate
transactos, initium tamen sumere ab obitu Iosuae, atque adeo 8. praecedentes annos,
quibus populus in ditione Kusan Rischgataim fuit, simul comprehendere, et 18 sequen-
tes m. ad censum 80 annorum, quibus Ehud et Samgar iudicauerunt, adducendos; et
sic reliquos seruitutis annos sub eos, quos scriptura in libertate transactos fuisse testatur,
semper comprehendi credunt. Sed quia scriptura expresse, quot annos Hebraei in serui-
tude, quotque in libertate fuerint, numerat; et cap. 2, 18 expresse narrat, Hebraeorum
res, uiuentibus iudicibus, semper floruisse; apparet omnino, non Rabbinum istum, (ui-
rum alias eruditissimum) et reliquos, qui eius uestigia sequuntur, dum similes nodos sol-
uere student, *scripturam magis corrigere*, quam explicare, quod ii etiam faciunt, qui sta-
tuunt, scripturam in illa communi annorum supputatione non nisi politiae iudaicae tempora indicare uoluisse; Anarchiarum autem et seruitutum, utpote infausta et regni ueluti
interstitia, ad communem annorum censum adducere non potuisse. Nam scriptura quidem

E 3   anar-

*) Addit *de St. Glain* in sua uersione gallica, ad uerba, Pag. 117, lin. 27. (p. 169, lin. ult.) *quae hic de
ipso Iosua narrare incipit)*: C'est à dire en d'autres termes, et dans un autre ordre qu'ils
ne se trouvent au livre de Josué.

anarchiae tempora filentio praeterire, at feruitutis non minus, quam libertatis annos tradere, nec annalibus (ut fomniant) expungere folet. Quod autem Ilgezra lib. 1 Regum omnes abfolute annos ab exitu Aegypti communi illo annorum,, comprehendere uolue- rit, adeo manifefta res eft, ut nemo fcripturae peritus, unquam de ea ambegerit. Nam ut iam ipfius textus uerba omittam, ipfa Dauidis Genealogia, quae in fine libri Ruth et. 1. Paralip. c. 11, traditur uix annorum fummam adeo magnam patitur. Nam Naghfon anno 2. ab exitu Aegypti princeps tribus Iudae erat (uid. Num. 7, v. 11 et 12) adeoque in deferto obiit; et filius eius Salma cum Iofua Iordanem tranfiit. At is Salmon fecun- dum illam Dauidis Genealogiam Dauidis atauus fuit. Si ab hac 480 annorum fumma 4 regno Salomonis, et 70 uitae Dauidis, et 40, qui in defertis transacti funt, auferantur; reperietur, Dauidem natum fuiffe anno 366. a tranfitu Iordanis, atque adeo neceffe ef- fe, ut ipfius pater, avus, abavus, atque atauus liberos genuerint, cum unusquisque eorum 90 annorum effet.

Ibid. lin. 27. (pag. 171, l. 13) *Samfon iudicauit 20 annos)* Samfon natus eft poftquam Philiftaei Hebraeos fubegerant *).

Pag. 121, lin. 8. (p. 174, l. 30) *poffimus)* Alias fcripturae uerba corrigunt potius, quam explicant.

Pag. 122, lin. 7. (p. 176, l. 11) *nempe Kirjat)* Kirjat Jegharim uocatur. m. Bahgal Je- huda; unde Kimchi et alii putant, Bahgale Jehuda, quod hic transtuli, *ex populo Jehu- dae,* nomen effe oppidi. Sed falluntur; quia בעלי pluralis eft numeri. Deinde fi hic Samuelis textus cum eo, qui eft in libr. 1. Paralip. conferatur, uidebimus, quod Dauid non furrexerit et exiuerit ex Bahgal, fed quod eo iuerit. Quod fi autor Samuelis libri locum faltem indicare ftuduerit, unde Dauid arcam abftulit; tum, ut Hebraice loquere- tur, fic dixiffet: *et furrexit, et profectus eft Dauid &c. ex Bahgal Iudae, et inde abftulit arcam DEI**).

Ad

*) Alii exemplo plura ad hunc locum adnotauerat Philofophus. Nam Gallus Interpres, Dom. *de Saint- Glain,* haecce habet p. 14: *Samfon le jugea 20 ans,* &c.) On peut douter fi ces vingt ans fe doivent rapporter aux années de liberté, ou s' ils font compris dans les 40. qui précedent imme- diatement, pendant lesquels le peuple fut fous le joug de Philiftins. Pour moi j' avoue que j' y vois plus de vraifemblance, et qu'il eft plus croyable que les Hebreux recouvrèrent leur liberté lorsque les plus confiderables d' entre les Philiftins perirent avec Samfon. Auffi n' ai - je rappor- té ces 20 ans de Samfon à ceux pendant lesquels dura le joug de Philiftins, que par ce que Sam- fon naquit depuis que les Philiftins eurent fubjugué les Hebreux, outre qu' au traité du Sabbat, il eft fait mention d' un certain livre de Jerufalem, où il eft dit que Samfon jugea le peuple 40 ans; mais la queftion n' eft pas de ces années feulement.

**) Gallus Interpres alio exemplo Spinozae ufus, addit p. 15 ad uerba Pag. 122, lin. 10 (p. 176, l. 14): *Et Abfalom fugit iuitque ad Ptolemaeum filium Hamihud)* Ceux qui fe font mélés de commenter

ce

Ad CAP. X.

Pag. 127, lin. 19. (p. 184, l. 8) *forte poſtquam Iudas Machabaeus templum reſtaurauit)* Oritur hic ſuspicio, ſiquidem ſuſpicio dici poteſt, quod certum eſt, ex deductione Genealogiae regis Jechoniae; quae traditur cap. 3, l. 1. Paral. et producitur usque ad filios Elghogenaei, qui decimi tertii ab eo erant; et notandum, quod Jechonias iſte, cum ei catenae iniectae ſunt, liberos non habebat, ſed uidetur, quod liberos in carcere genuerit, quantum ex nominibus, quae iis dedit, conjicere licet. At nepotes, quantum etiam ex eorum nominibus coniicere licet, habuiſſe uidetur, poſtquam ex carcere liberatus ſuit; ac proinde Pedaja (quod ſignificat DEVS liberauit) qui in hoc capite dicitur ſuiſſe anno 37 aut 38 captiuitatis Jechoniae, hoc eſt 33 annis, antequam Cyrus rex Judaeis ueniam dedit, et conſequenter Zerubabel, quem Cyrus Judaeis propoſuerat, 13 aut 14 annos ad ſummum natus uidetur ſuiſſe. Sed haec potius ſilentio praeterire uolui, ob cauſas, quas temporis (iniuria et ſuperſtitio) grauitas explicare non ſinit. Sed prudentibus rem indicare ſufficit. Qui ſi hanc Jechoniae integram progeniem, quae traditur cap. 3. lib. 1. Paralip. ex uerſ. 17 — ad ſinem ipſius capitis, aliqua cum attentione percurrere, et Hebraeum textum cum uerſione; quae Septuaginta dicitur, conferre uelint, nullo negotio uidere poterunt, hos libros poſt ſecundam urbis reſtaurationem, a Juda Maccabaeo factam, reſtitutos ſuiſſe, quo tempore Jechoniae poſteri principatum amiſerant, non antea.

Pag. 129, lin. 4, ante ſinem (p. 187, l, 21) *duceretur)* Atque adeo ſuſpicari potuiſſet nemo; ejus Prophetiam Jeremiae praedictioni contradicere, ut ex Joſephi narratione ſuſpicati ſunt omnes; donec ex rei eventu, ambos uera praedixiſſe cognouerunt.

Pag. 131, lin. 25. (p. 190, l. 5) *Nehemiae)* Huius libri maximam partem desumtam eſſe ex libro, quem ipſe Nehemias ſcripſit, teſtatur ipſe hiſtoricus, uerſ. 1, cap. 1. Sed quae ex cap. 8 usque ad uerſ. 26, capit. 12 narrantur, et praeterea duos ultimos uersus cap. 12, qui Nehemiae uerbis per perentheſin inferuntur, ab ipſo hiſtorico, qui poſt Nehemiam uixit, additos eſſe, dubio caret.

Pag. 132, lin. 16. (p. 191, l. 7) *Hezras)* Hezras avunculus primi ſummi pontificis Joſuae fuit, (uid. Ezr. cap. VII, v. 1, et 1 Paral. VI, v. 14, 15.) et ſimul cum Zorobabele Babylone Hieroſolymam profectus eſt (uid. Nehem. c. 12, 1). Sed uidetur, quod, cum Indaeorum res turbari uiderit, Babyloniam iterum petierit (quod etiam alii ſecerunt,

ut

---

ce Texte, l'ont corrigé de cette ſorte: *et Abraham s'enfuit et ſe retira chez Ptolémée fils d'Hamihut Roi de Geſur, où il demeura trois ans, et David pleura ſon fils tout le temps, qu'il fut à Geſur.* Mais ſi c'eſt là ce que l'on appelle interpreter, et s'il eſt permis de ſe donner cette licence dans l'expoſition de l'Ecriture, et de transpoſer de la ſorte des phraſes tout entières ſoit en aioûtant, ou en retranchant quelque choſe, j'avoûë qu'il eſt permis de corrompre l'Ecriture, et de lui donner comme à un morceau de cire, autant de formes que l'on voudra.

ut patet ex Nehem. c. 1, v. 2.) ibique usque ad Arthafasti regum manferit, donec impetra:is, quae uoluerat, fecundo Hierofolymam petiit. Nehemias etiam cum Zorobabele Hierofolymam tempore Cyri petiit. uid. Hezrae c. 2. v. 2 et 6, quem confer cum v. 9, c. 10, Nehem. cap. 10, v. 1. Nam quod interpretes ibi *legatum* uertunt, nullo id exemplo probanti; cum contra certum fit, quod Iudaeis, qui aulam frequentare debebant, noua nomina imponebantur. Sic Daniel Beltefafar, Zerubabel Sesbazar (uid. Dan. cap. 1, v. 7. Efr. cap. 5, v. 14.) et Nehemias Hatirfata uocabatur. At ratione officii falutari uolebat פֶּחָה *procurator* f. *praefes*; uid. Nehem. c. 5, v. 14, et c. 12, v. 26.

Pag. 136, lin. 1. (p. 196, l. 7) *ante tempus Machabaeorum nullum canonem Sacrorum Librorum fuiſſe)* Synagoga, quae dicitur magna, initium non habuit, nifi poſtquam Afia a Macedonibus subacta fuit. Quod autem Maimonides, R. Abraham, Ben Dauid, et alii ſtatuunt, huius concilii praefides fuiſſe Hgezram, Danielem, Nehemiam, Ghagaeum, Zachariam &c. ridiculum figmentum eſt; nec alio fundamento nituntur, quam Rabbinorum traditione, qui fcilicet tradunt, Perfarum regnum 34 annos ſtetiſſe, non amplius; nec alia ratione probare poſſunt, decreta magnae iſtius Synagogae feu Synodi a folis Pharifaeis habitae, accepta fuiſſe a prophetis, qui eadem ab aliis prophetis accepiſſent; et fic porro usque ad Mofen, qui eadem ab ipfo DEO accepiſſet, et poſteris ore non fcripto tradiderit. Sed haec ea, qua folent, pertinacia Pharifaei credunt; prudentes autem, qui Conciliorum et Synodorum caufas, et fimul Pharifaeorum et Tfadducaeorum controuerfias norunt; facile coniicere potuerunt caufas magnae illius Synagogae ceu Concilii conuocandi. Hoc certum eſt, illi concilio nullos interfuiſſe prophetas, et Pharifaeorum decreta, quae traditiones uocant, auctoritatem ex eodem concilio accepiſſe.

Ad CAP. XI.

Pag. 137, lin. 5. ante finem, (p. 199, l. 3) *arbitramur)* λογίζομαι uertunt huius loci interpretes *concludo*, et a Paulo ufurpari' contendunt quoquo modo συλλογίζομαι, cum λογίζομαι idem ualeat ac apud Hebraeos חשׁב, *computare, cogitare, exiſtimare;* qua fignificatione cum textu fyriaco optime conuenit. Syriaca enim uerfio (fi quidem ueifio eſt, quod dubitari poteſt, quandoquidem nec interpretem nouimus, nec tempus, quo uulgata fuit, et *apoſtolorum lingua uernacula nulla alia fuit, quam fyriaca)* hunc Pauli textum fic uertit, quod Tremellius, optime interpretatur, *Arbitramur igitur.* Nam חשׁבון nomen, quod ex hoc uerbo formatur, fignificat *arbitratus eſt.* Namque in Hebraeo uoluntas; ergo *mitraghinan, uolumus* feu *arbitramur* *).

Ad

<hr>

*) Addit de *Saint-Glain* ad Pag. 142, lin. 9. (p. 205, lin. 11) *ut tota Chriſti doctrina)* A favoir celle que Jefus Chriſt avoit enfeignée fur la montagne, et dont Saint Matthieu fait mention au chapitre 5. et fuivans.

Ad CAP. XV.

Pag. 174, lin. 23. (p. 251, l. 13) *quod simplex obedientia uia ad salutem sit)* Hoc est, quod ad salutem s. beatitudinem satis sit, diuina decreta tanquam iura siue mandata amplecti; nec opus' sit, eadem ut aeternas ueritates concipere; non ratio, sed reuelatio docere potest, ut patet ex demonstratis cap. IV.

Ad CAP. XVI.

Pag. 178, lin. 8. (p. 256, l. 8.) *absque dolo promissurum)* In statu ciuili, ubi communi iure decernitur, quid bonum, quid malum sit, recte dolus distinguitur in bonum et malum. Sed in statu naturali, ubi unusquisque sui iudex est, summumque ius habet, leges sibi praescribendi, et interpretandi, immo etiam prout sibi utilius iudicat, abrogandi; ibi sane concipi non potest, quemquam dolo malo agere.

Pag. 181, lin. 4. (p. 260, l. 12) *Ibi enim unusquisque, ubi uelit, liber esse potest)* In quacunque ciuitate homo sit, liber esse potest. Nam certe homo eatenus liber esse potest, quatenus ratione ducitur. At (NB. aliter Hobbesius) ratio pacem omnino suadet; haec autem obtineri nequit, nisi communia ciuitatis iura inuiolata seruentur. Ergo quo homo ratione magis ducitur, id est, quo magis est liber, eo magis constanter ciuitatis iura seruabit, et summae potestatis mandata, cuius subditus est, exequetur.

Pag. 184, lin. 13. (p. 265, l. 2) *Nemo enim ex natura scit)* Quod Paulus ait, homines esse sine effugio, more humano loquitur. Nam c. IX eiusdem epistolae expresse docet, quod DEVS cuius uult, miseretur, et quem uult indurat, et homines nulla de causa inexcusabiles esse, quam quia in DEI potestate ita sunt, ut lutum in potestate figuli, qui ex eadem massa facit uasa, aliud ad decus, aliud ad dedecus, et non propterea, quod praemoniti sunt. Quod autem ad legem diuinam naturalem attinet, cuius summum praeceptum esse diximus, DEVM AMARE, eo sensu legem adpellaui, quo Philosophi communes naturae regulas, secundum quas omnia fiunt, leges uocant. Amor enim DEI non obedientia, sed uirtus est, quae homini, qui DEVM recte nouit, necessario inest. At obedientia uoluntatem imperantis, non rei necessitatem respicit et ueritatem. Cum autem naturam DEI uoluntatis ignoremus, et contra certi simus, quidquid sit, ex sola DEI potentia fieri; nequaquam nisi ex reuelatione scire possumus, an DEVS aliquo honore coli uelit ab hominibus tanquam princeps. Adde quod iura diuina nobis ut iura seu instituta uideri, ostenderimus, quamdiu eorum causam ignoramus; hac autem cognita, illico iura esse desinunt, atque eadem ut aeternas ueritates, non ut iura amplectimur, hoc est obedientia illico in amorem transit, qui ex uera cognitione, tam necessario oritur

tur

tur, ut ex fole lumen. Ex rationis igitur ductu DEVM quidem amare, fed non obedire ei poffumus. Quandoquidem nec iura diuina, quamdiu eorum caussam ignoramus, ut diuina amplecti, nec DEVM iura ut principem conftituentem, concipere ratione poffumus.

Ad CAP. XVII.

Pag. 187, lin. 7. ante finem (p. 269, l. 19; *ut nihil in poferum poffent*) Suscepere duo manipulares imperium populi romani transferendum, et transtulerunt. Tacit. I hiftor. libro *).

Pag. 193, lin. 13. (p. 277, l. 13) *Vide Numer.* XI, 28) In hoc loco accufantur duo, quod in caftris prophetauerint, et Jofua illos affervandos cenfet: quod non feciffet, fi unicuique, iniuffu Mofis, diuina refponfa populo dare licuiffet. At Mofi reos abfoluere placuit, et Jofuam increpat, quod ipfi fuaderet, ius fuum regium perfequi eo tempore, quando ipfum regnandi taedium tenebat, ut maluerit mori, quam folus regnare: ut patet ex v. 14. eiusdem capitis. Sic enim Josuae refpondit: Excandescisne mea de caufa? Vtinam omnis DEI populus propheta effet, h. e. utinam ad id rediret ius DEVM confulendi, ut regnum apud ipfum populum effet. Jofua itaque non ius, fed temporis rationem ignorauit, et ideo a Mose caftigatur. Sicut Abifaeus a Dauide, cum regem monuit, ut Shimghi, qui certe reus majeftatis erat, mortis damnaret. uid. 2 Sam. 19, v. 22, 23.

Pag. 194, lin. 6. (p. 278, l. 19) *ad uerba Numer. Cap. XXVII, v. 21.*) V. 19 et 23 hujus (quos mihi uidere contigit) male interpretes uertunt. Nam u. 19 et 23 non fignificat, quod ei praecepta dedit, aut praeceptis inftruxit; fed quod Jofuam Principem creauerit feu conftituerit; quod in fcriptura frequens eft, ut Exodi c. 18, v. 23. 1 Sam. XIII, v. 15. Jof. I, v. 9. et 1 Sam. XXV, uers. 30. &c.

Pag. 196, lin. 24. (p. 282, l. 6) *Nec alium ludicem praeter Deum nofcere tenebatur*) Magnum, quod uulgo uocant Synedrium fingunt Rabbini a Mofe fuiffe inftitutum, nec Rabbini foli, fed plurimi inter Chriftianos cum Rabbinis ineptiunt. Mofes quidem fibi LXX coadjutores elegit, qui cum ipfo reipublicae curam haberent, quia folus fuftinere non poterat onus totius populi; fed nullam legem unquam tulit de inftituendo collegio feptuagintauirali. Sed contra iuffit, ut una quaequae tribus in urbibus, quas Deus ipfi dederat, iudices conftitueret, qui fecundum leges, ab ipfo latas, lites dirimerent; etfi contingeret, ut ipfi iudices de iure dubitarent, an fummum pontificem (qui fcilicet legum fummus interpres) uel iudicem, cui eo tempore fubordinati effent, (nam is ius habebat

pon-

---

*) Haec omifit *St. Glain* in Verfione gallica.

pontificem confulendi) adirent, ut iuxta pontificis explicationem litem dirimerent. Quod ſi contingeret, ut ſubordinatus iudex contenderet, ſe non teneri ex mente ſummi pontificis, quam ab ipſo uel ſumma eius poteſtate accepit, ſententiam ferre, mortis damnabatur, nempe a ſummo iudice, qualis is eo tempore eſſet, a quo ſubordinatus iudex conſtitutus fuerat; (uid. Deuter. XVII, v. 9) uidelicet, uelut Joſua totius populi Iſraelitici ſummus imperator, uel ut unius tribus princeps, penes quem poſt factam diuiſionem ius fuit, pontificem de rebus ſuae tribus confulendi, de bello et pace discernendi, urbes muniendi, iudices conſtituendi, &c., uel ut rex, in quem omnes, uel 'aliquot tribus ius ſuum transtulerant. Ad hoc uero confirmandum plura adferre poſſem ex hiſtoriis teſtimonia; ſed ex multis unum, quod praecipuum uidetur, adferam. Cum Propheta Silonita Jeroboamum Regem elegit; eo ipſo ius ipſi dedit pontificem confulendi, iudices conſtituendi, et abſolute omne ius, quod Rehabeam in duas tribus retinuit, id omne Jeroboam in decem obtinuit. Quare eodem iure, quo Joſaphath Hieroſolymae (uid. 2 Paralip. c. XIX, v. 8. ſeqq.) Jeroboam in ſua regia ſummum ſui imperii concilium conſtituere poterat. Nam certum eſt, quod Jeroboam, (quatenus ex mandato DEI rex erat) et conſequenter eius ſubditi non tenebantur, ex lege Moſis, coram Rehabeamo, cuius ſubditi non erant, iudice ſtare, et multo minus iudicio hieroſolymitano, a Rehabeamo conſtituto, eique ſubordinato. Prout igitur Hebraeorum imperium diuiſum fuit, tot ſuprema concilia in eodem fuerunt. Qui uero ad uarium Hebraeorum ſtatum non attendunt, ſed diuerſos eorum ſtatus in unum confundunt, multis modis intricantur.

Ad CAP. XIX.

Pag. 224, lin. 8. ante fin. (p. 322, l. 3) *et iure contra eundem agere)* Hic apprime ad illa attendendum eſt, quae cap. XVI de iure diximus.

Ad pag. 21 fub finem: **R. *Abr. Bar Chasdai.***

Verba, quae *Spinoza* adducit, non funt Rabbi *Chasdai*, fed cuiusdem Arabis Chriftiani. R. *Abraham Leuita ben Chasdai*, Archirabbinus Barcinonenfis, R. *Dauldis Kim-
chii* aequalis, faeculo XII inclinante clarus, transtulit התפוח 'ס (*Sepher thathappuach*)
librum de *Pomo* (Ariftotelis) ex arabica lingua in hebraicam, ut Iudaei intelligerent,
quid Ethnici de immortalitate animae ftatuerint. Fingitur Ariftoteles moribundus in lecto
pomum manu tenuiffe, cuius odore refocillatus cum adftantibus Philofophis differere,
dum animam efflaret, potuerit. Philofophi enim omnes ad Ariftotelem aegrotantem con-
fluxiffe ibi feruntur, qui deinceps ad eos de facultatibus animae, tum de futura uita,
tamquam folatio aduerfus mortem, uariisque aliis Philofophiae capitibus, dialogi more
difputauit. Finito fermone, pomum e manu excidiffe Ariftotelis ipfe uero exfpiraffe dicitur.
Haec uerfio hebraica prodiit Venetiis, 1519. 4. Riuae Tridenti, 1562. 4. Francof. ad Viadr.
1693. 8. et Gieffae Haff(orum, cum lat. uerfione *Ioh. Iufti Lofii.* 1706. 4. Cf. *I. A. Fa-
bricii* Biblioth. gr. L. III, cap. VI, pag. 166, et 826. *Wolfii* Bibl. hebr. Vol. I, pag. 57.
Vol. III, pag. 35. Contra R. *Abrahamum ben Chasdai* de creatione mundi fufe difputat
R. *Abraham ben R. Ifaac Schalom* in libro נוה שלום (*Neueh Schalom*) fiue *habitaculo
pacis*, (ex Ief. 32, u. 26) in quo auctor pollicetur caeleftia fe terreftribus et diuina huma-
nis iuncturum, edito Venetiis, 1538 et 1575. 4.

Chirographum pertinet ad paginam 26.

Pag. 3, lin. 14 *leg.* emerferunt. P. 7, lin. 28 poft *In* 4. add. repetita in *Lauateri* Frag-
mentis phyfiognomicis. Pag. 16, lin. 22 *leg.* qui eft.

Eruditissime Nobilissime D.

Schedulam, quam mihi dignatus es mittere, legi, magnasq́
pro ejusdem communicatione ago gratias. Doleo, quod mentem
tuam, quam tamen credo te satis clare exposuisse, non satis
assequi potuerim. Precor itaq́. ut ad hec pauca mihi respon=
dere non graveris.

Virumq́ lissime

Haga comitis
9 nov. 1671

Ex asse tuus

B. despinosa

Nobilissimo Amplissimoq́. D.
D. Gotfredo Guilielmo Leibnitio
Juris u. Doctori et Consiliario
Moguntino   Maintz.

Sigillum

www.ingramcontent.com/pod-product-compliance
Lightning Source LLC
LaVergne TN
LVHW022210080426
835511LV00008B/1688